汽车教学图册及挂图系列

DAZHONG XILIE JIAOCHE FADONGJI JIEGOU YU JIANXIU TUCE

大众系列轿车发动机结构与检修图册

陈德阳　衣丰艳　主编

人民交通出版社

内 容 提 要

本图册以大众系列轿车发动机为例，介绍了发动机曲柄连杆机构、配气机构、燃料供给系、点火系、冷却系、润滑系等机构与系统的作用、组成、工作原理、主要零部件的检修方法等，利用摄制实物照片的手法，展示了零件的结构特点，利用二维、三维图片的形式，展示了零部件的工作原理以及维修要点。图册将构造、维修融为一体，方便实用。

该图册可作为汽车运用技术专业的学生以及汽车维修人员培训等辅助教材使用。

图书在版编目（CIP）数据

大众系列轿车发动机结构与检修图册／陈德阳，衣丰艳主编．
－北京：人民交通出版社，2010.3
ISBN 978-7-114-08000-5

Ⅰ.大… Ⅱ.①陈…②衣… Ⅲ.①轿车－发动机－构造－图集
②轿车－发动机－检修－图集 Ⅳ.U469 11-64

中国版本图书馆CIP数据核字（2009）第171266号

书　　名：大众系列轿车发动机结构与检修图册
著 作 者：陈德阳　衣丰艳
责任编辑：林宇峰
出版发行：人民交通出版社
地　　址：（100011）北京市朝阳区安定门外外馆斜街3号
网　　址：http://www.ccpress.com.cn
销售电话：（010）59757969，59757973
总 经 销：北京中交盛世书刊有限公司
经　　销：各地新华书店
印　　刷：中国电影出版社印刷厂
开　　本：880×1230　1/16
印　　张：5.25
字　　数：166千
版　　次：2010年3月第1版
印　　次：2010年3月第1次印刷
书　　号：ISBN 978-7-114-08000-5
印　　数：0001—5000册
定　　价：30.00元

序　言

本图册以大众系列轿车发动机为例，介绍了发动机曲柄连杆机构、配气机构、燃料供给系、点火系、冷却系、润滑系等机构与系统的作用、组成、工作原理、主要零部件的检修方法等，利用摄制实物照片的手法，展示了零件的结构特点，利用二维、三维图片的形式，展示了零部件的工作原理以及维修要点，图册将构造、维修融为一体，方便实用。

本图册配备了多媒体课件，利用了声、像、动画等形式详细介绍了发动机的结构原理与检修方法。该课件通俗易懂，形象直观，覆盖了图册的全部内容，长达两个多小时。有了此课件的帮助，你可很快掌握图册介绍的知识。

该图册可作为汽车运用技术专业的学生以及汽车维修人员培训等辅助教材使用。

本图册维修数据取自于捷达 ATK 发动机。

本图册由陈德阳、衣丰艳主编，王林超、陈大久、晁宝玲、赵长利、张桂荣、王志萍、冉广仁、吴春民、王新生、刁立福、陈双等参加了编绘。

由于水平有限，编写仓促，图册中的错误和疏漏在所难免，敬请广大读者批评指正。

编者

目　录

目　录

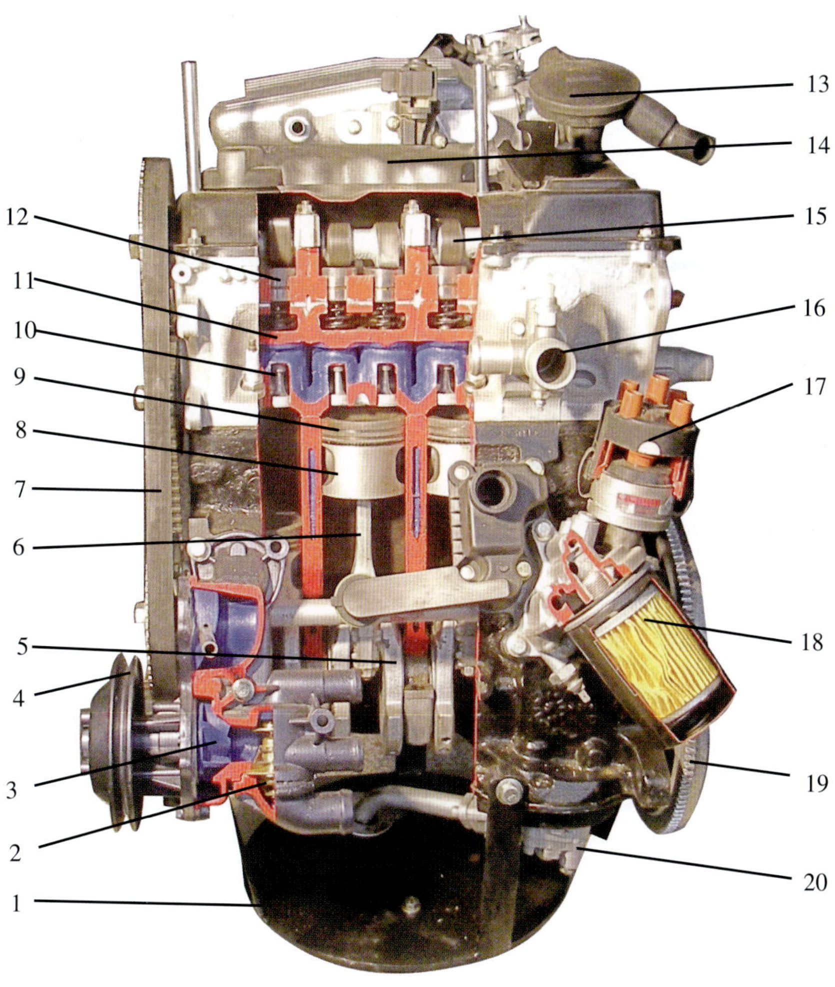

1－油底壳
2－节温器
3－水泵
4－皮带轮
5－曲轴
6－连杆
7－正时齿形带
8－活塞
9－活塞环
10－气门
11－汽缸盖
12－挺柱
13－加机油口盖
14－汽缸盖罩
15－凸轮轴
16－缸盖出水管
17－分电器
18－机油滤清器
19－飞轮
20－机油泵

桑塔纳发动机纵剖面

图2 桑塔纳发动机横剖面

桑塔纳发动机横剖面

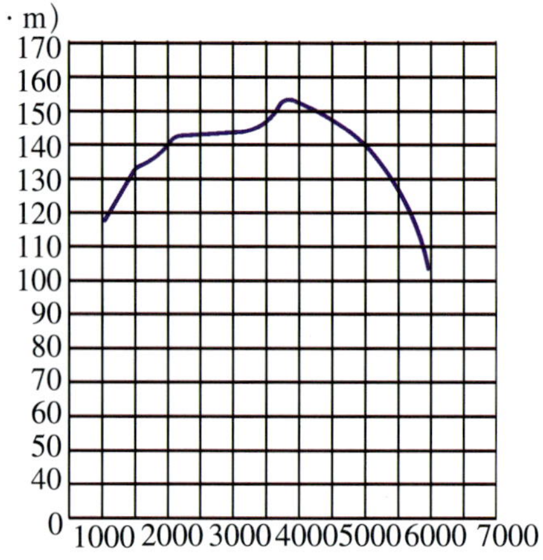

转矩曲线

1－油底壳
2－曲轴正时带轮
3－正时齿形带
4－缸体
5－发电机
6－张紧轮
7－排气歧管
8－凸轮轴正时带轮
9－喷油器
10－分配管
11－进气歧管
12－冷却液温度传感器
13－出水管
14－机油滤清器
15－中间轴正时带轮
16－水泵皮带轮

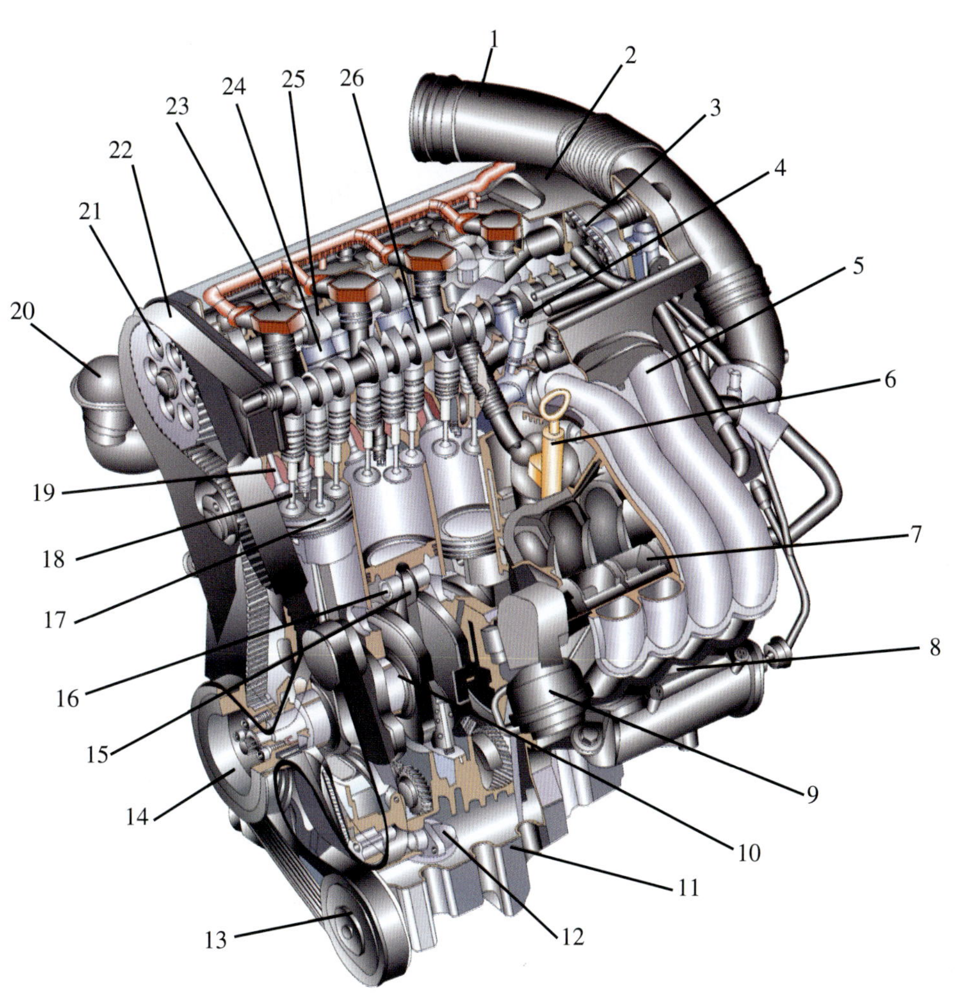

帕萨特 1.8ANQ 发动机

1– 进气管
2– 汽缸盖罩
3– 链条
4– 喷油器
5– 进气歧管
6– 机油尺
7– 进气歧管切换阀
8– 进气总管
9– 真空阀
10– 曲轴
11– 油底壳
12– 机油泵
13– 空调压缩机皮带轮
14– 曲轴皮带轮
15– 连杆
16– 活塞销
17– 活塞
18– 进气门
19– 排气门
20– 排气管
21– 排气凸轮轴驱动链轮
22– 正时齿形带
23– 点火器总成
24– 挺柱
25– 排气凸轮轴
26– 进气凸轮轴

图 4　奥迪 A6 轿车发动机

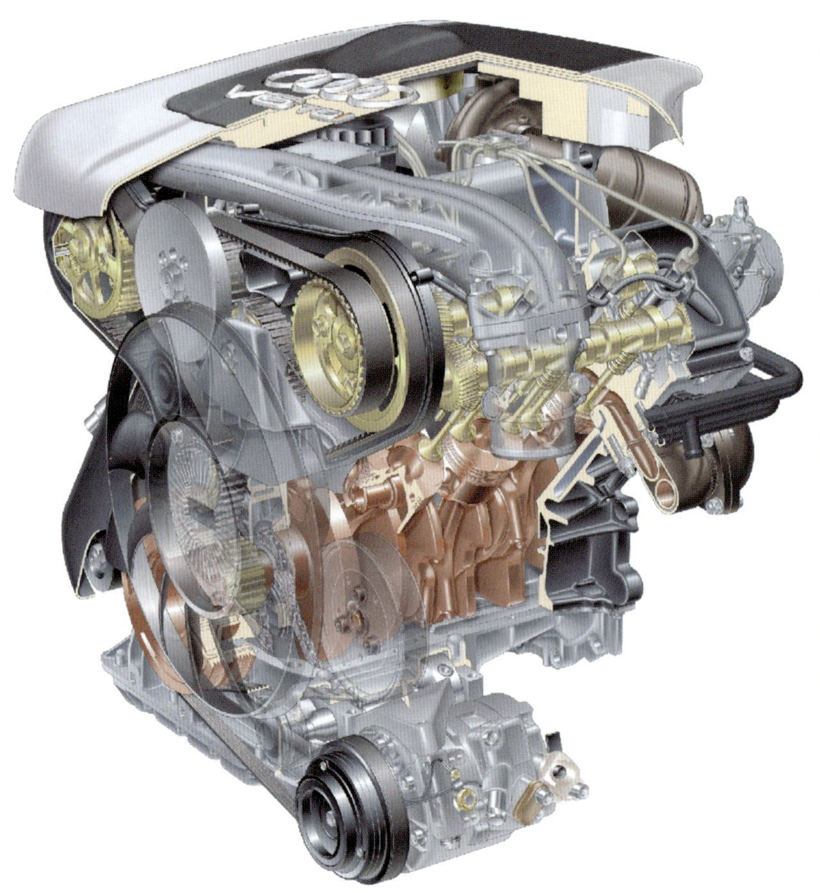

奥迪 A6 轿车发动机

奥迪 A6 轿车发动机主要技术性能参数

车　　型	AudiA6 1.8	AudiA6 1.8T	AudiA6 2.4	AudiA6 2.8
发动机代码	ANQ	AWL	APS	ATX
发动机形式	直列四缸 20 气门	直列四缸 20 气门	V 形六缸 30 气门	V 形六缸 30 气门
排量(cm^3)	1781	1781	2393	2771
功率[kW/(r/min)]	92/5700	110/5700	121/6000	140/6000
转矩[N · m/(r/min)]	168/3500	210/1750～4600	230/3200	280/3200
缸径(mm)	81.0	81.0	81.0	82.5
行程(mm)	86.4	86.4	77.4	86.4
压缩比	10.3	9.3	10.5	10.1
燃油标号	95 号无铅汽油	95 号无铅汽油	95 号无铅汽油	95 号无铅汽油
喷射、点火系统	Motronic	Motronic	Motronic	Motronic
爆震控制	有	有	有	有
自诊断	有	有	有	有
空燃比控制	有	有	有	有
催化净化器	有	有	有	有
增压	无	有	无	无
进气歧管转阀	有	有	有	有
配气正时调整机构	有	有	有	有
进气提前角(°)	16	16	12	12
进气滞后角(°)	38	38	36	42
排气提前角(°)	38	38	38	38
排气滞后角(°)	8	8	8	8
排放标准	EU- Ⅱ	EU- Ⅱ	EU- Ⅱ	EU- Ⅱ

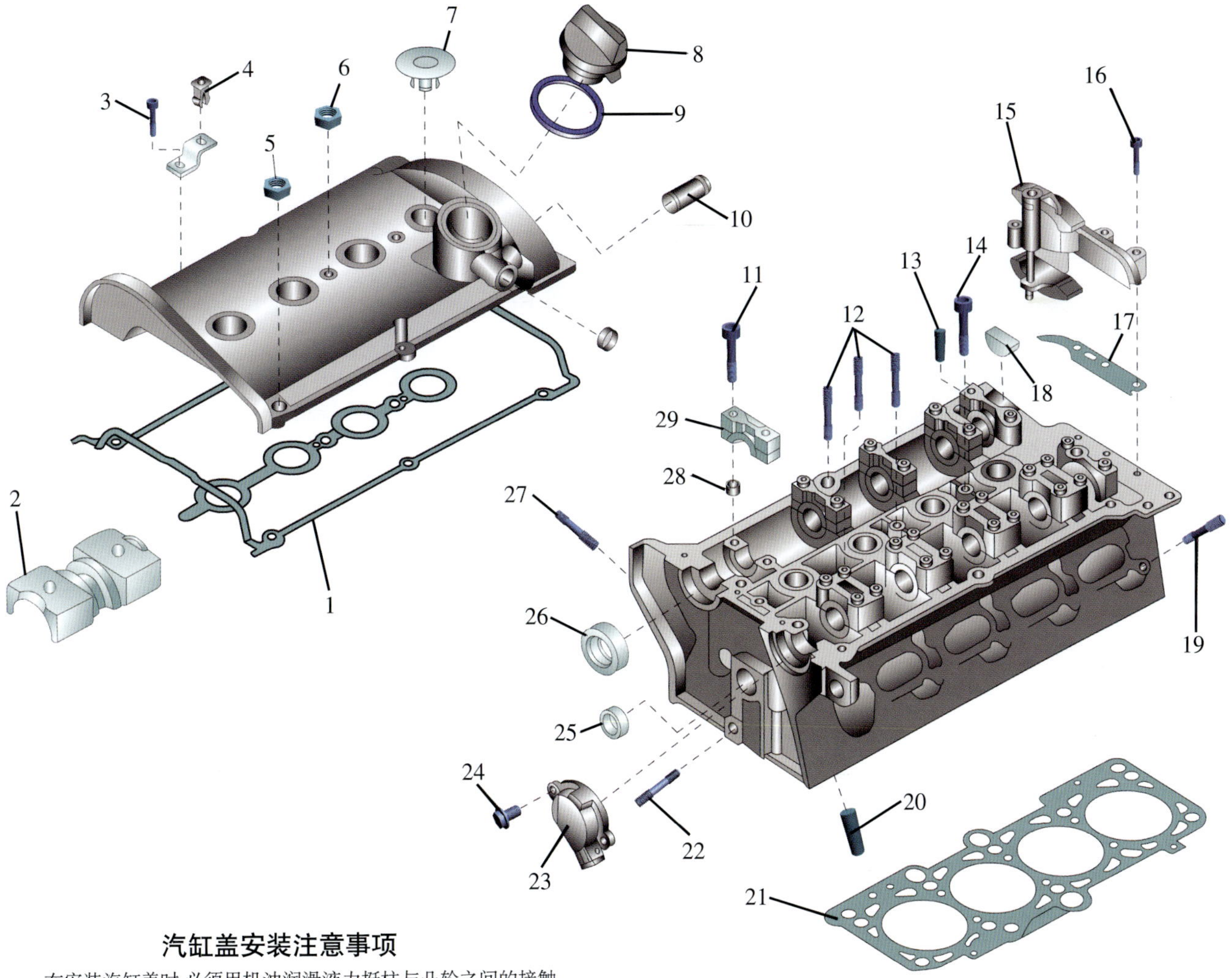

图 5　汽缸盖与汽缸垫总成

1- 密封垫
2- 挡油板
3- 螺栓
4- 夹子
5- 螺母
6- 螺母
7- 护盖
8- 加机油口盖
9- 密封圈
10- 连接管
11- 螺栓
12- 双头螺栓
13- 定位销
14- 螺栓
15- 链条张紧器
16- 螺栓
17- 张紧器密封垫
18- 密封块
19- 双头螺栓
20- 定位销
21- 汽缸垫
22- 双头螺栓
23- 霍尔传感器
24- 螺栓
25- 锁紧盖
26- 油封
27- 双头螺栓
28- 定位套筒
29- 凸轮轴轴承盖

汽缸盖安装注意事项

在安装汽缸盖时,必须用机油润滑液力挺柱与凸轮之间的接触表面。更换汽缸盖时必须同时更换冷却液。紧固汽缸盖螺栓时要从中央向四周四次拧紧，拧紧转矩要求为：40N · m+90° +90° 。

汽缸盖、汽缸垫总成（宝来轿车 BAF 发动机）

图 6 缸体与油底壳总成

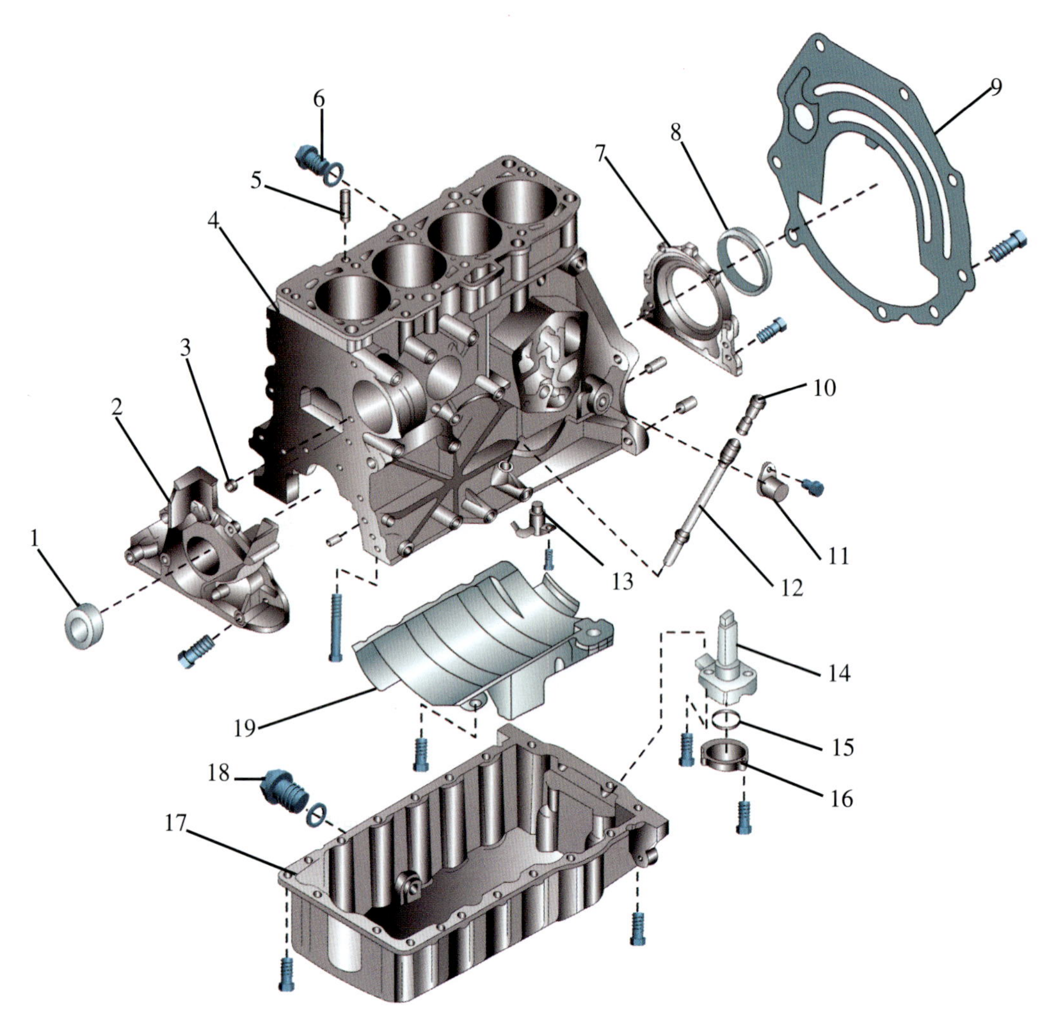

1– 前密封凸缘油封
2– 前密封凸缘
3– 油堵
4– 缸体
5– 定位销
6– 螺栓
7– 后密封凸缘
8– 后密封凸缘油封
9– 盖护板
10– 漏斗
11– 曲轴转速传感器
12– 机油尺插管
13– 喷油嘴
14– 油位传感器
15– 密封圈
16– 端盖
17– 油底壳
18– 放油螺栓
19– 稳油板

缸体与油底壳总成（宝来轿车发动机）

图 7　汽缸盖的结构

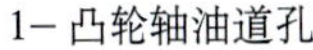

1– 凸轮轴油道孔
2– 液力挺柱油道孔
3– 火花塞孔
4– 进气道
5– 排气道
6– 燃烧室
7– 气门导管
8– 气门座

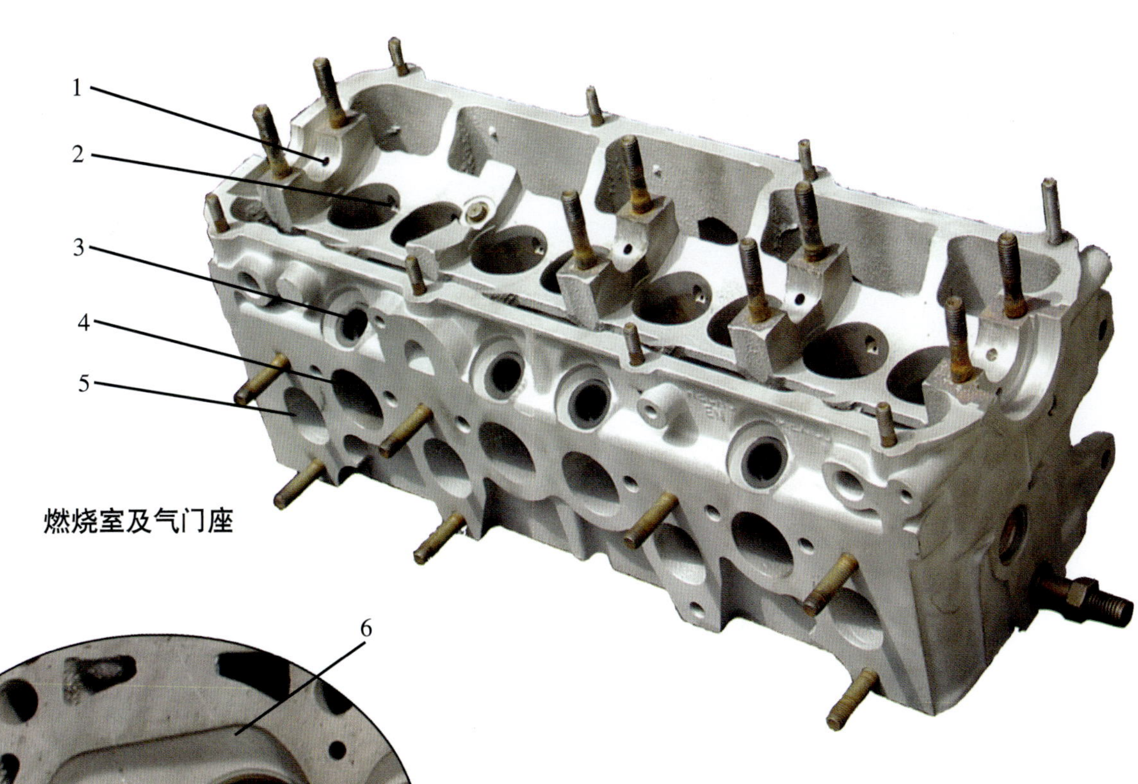

燃烧室及气门座

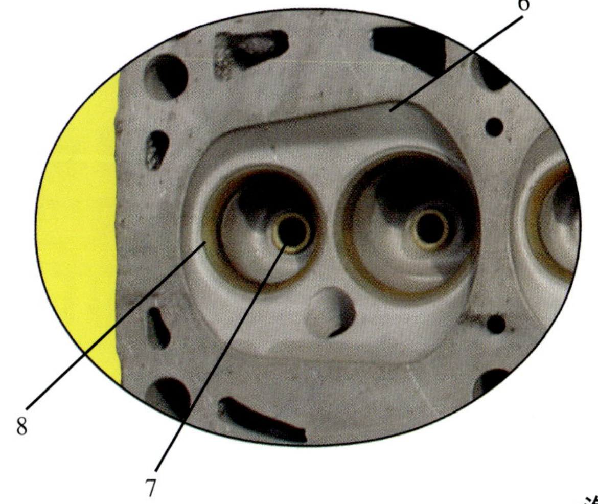

汽缸盖用铝合金制成,其上部设计成盒式结构。在汽缸盖上加工有燃烧室、气门导管孔、进气道、排气道、火花塞孔、气门座圈孔、冷却水套、润滑油道及凸轮轴轴承座等，其下底面加工成平面。为了给液力挺柱供油，在汽缸盖上还加工有纵贯全长的油道;为了使机油能流回油底壳，汽缸盖左侧开有两个回油孔，右侧开有两个通气孔。

汽缸盖的结构

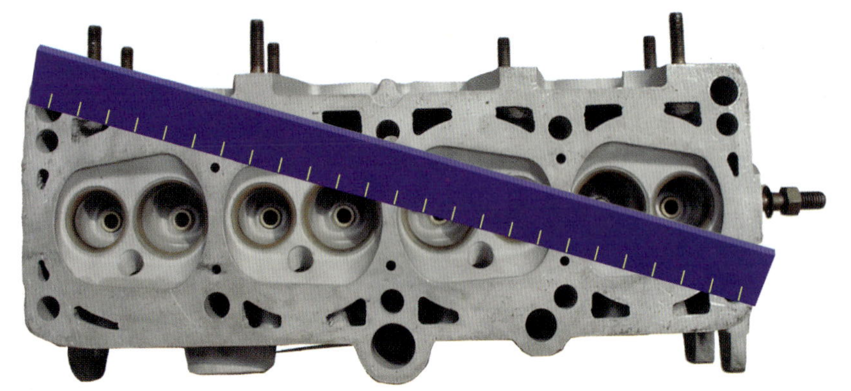

汽缸盖翘曲检查

汽缸盖检修

1）燃烧室积炭的检修

燃烧室如果积炭过多，会造成发动机工作不良，可采用溶解与刮削相结合的方法清除。

2）汽缸盖裂纹及变形的检修

当汽缸盖上气门座圈之间或气门座圈与火花塞螺纹孔间有裂纹时，裂纹如果不超过 0.5mm 或火花塞第一圈螺纹不再开裂，则此汽缸盖可继续使用。当汽缸盖上的裂纹影响汽缸盖的密封性能时应更换。

3）汽缸盖变形的检修

当变形量大于 0.10mm 时，应修磨或报废。

汽缸盖螺栓拧紧方法

拧汽缸盖螺栓时应从中央向四周分次按规定转矩拧紧，如图所示，第一次拧紧转矩为40N · m；第二次再拧 1/4 圈，最后一次再拧 1/4 圈。

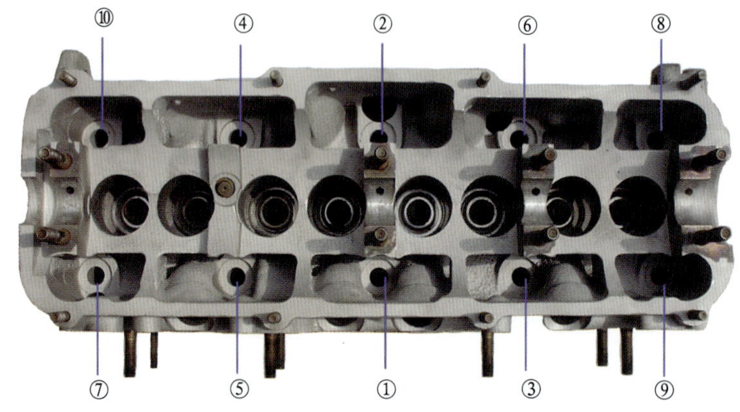

汽缸盖螺栓拧紧顺序

图 9 汽缸体结构与上平面变形检查

汽缸体结构

发动机汽缸体由铸铁制造而成，缸体上的圆筒为汽缸，活塞在汽缸里作往复运动。曲轴箱的结构形式为龙门式，主轴承座上半部在缸体上，下半部是独立的主轴承盖，用螺栓紧固在缸体的前后壁和中间支撑隔壁上。为了保证发动机的正常工作，在缸体上设有冷却水套和润滑油道。

汽缸体上表面的变形及损伤检修

在汽缸体上平面放置直尺，用塞尺在直尺中间部位测量直尺与汽缸体上平面间隙，以确定汽缸体上平面是否变形。汽缸体上平面平面度超过 0.05mm 时，可用平面磨床磨平。

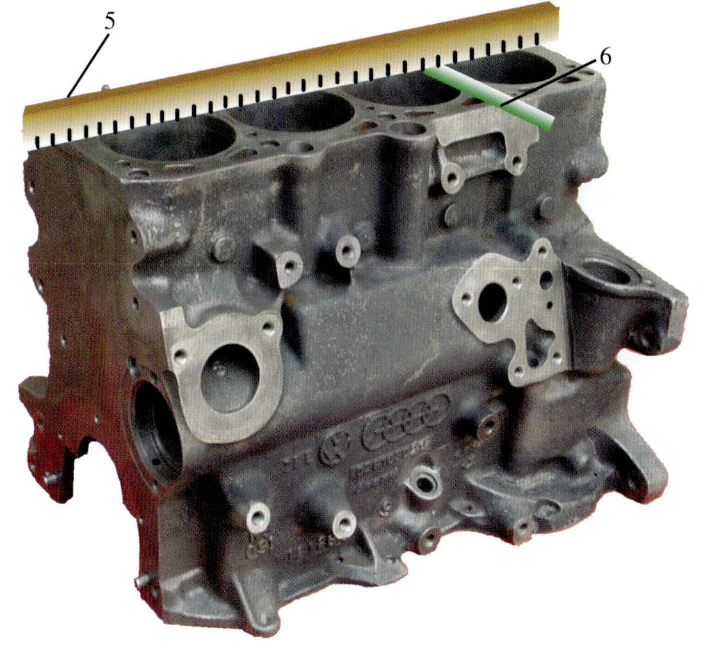

汽缸体上平面变形检查

1– 汽缸
2– 机油进油口
3– 冷却液进口
4– 曲轴轴承孔
5– 直尺
6– 塞尺

图 10 汽缸体的检修

汽缸体的检修

沿汽缸体轴线方向检查如图所示的①、②、③点，每点按*A*、*B*方向检查两次，检查结果与规定尺寸最大偏差为0.10mm。根据检查结果，确定汽缸磨损情况，如测量汽缸直径大于81.11mm，则一般采用镗削加工，更换加大一级尺寸的活塞；如测量汽缸直径大于81.61mm，则一般采用重新更换缸套的方法维修。

汽缸直径测量

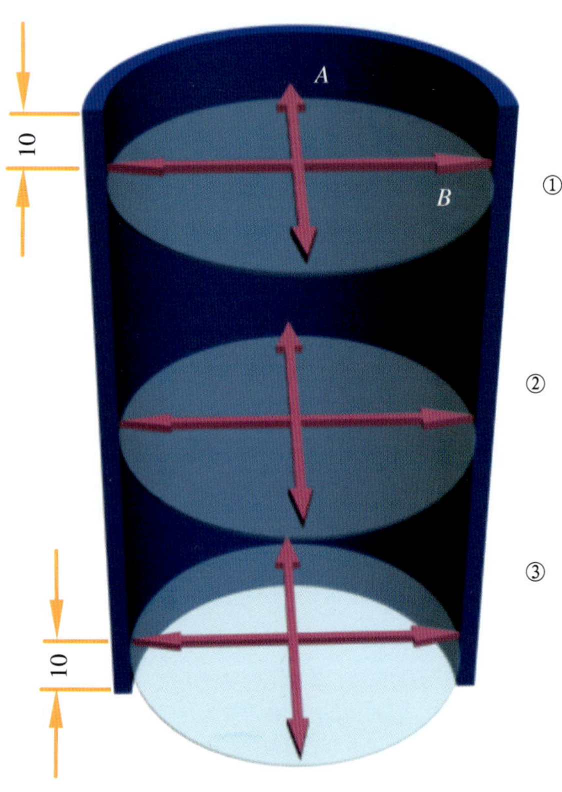

汽缸直径测量位置

1- 皮带轮
2- 曲轴正时齿形带轮
3- 曲轴链轮
4- 曲轴
5- 主轴承上轴瓦
6- 连杆大头上轴瓦
7- 连杆
8- 连杆小头轴瓦
9- 活塞销卡环
10- 活塞销
11- 活塞
12- 第一道气环
13- 第二道气环
14- 油环
15- 连杆螺栓
16- 飞轮
17- 转速传感器信号发生器
18- 连杆大头下轴瓦
19- 连杆轴承盖
20- 连杆螺母
21、23- 止推片
22- 主轴承下轴瓦

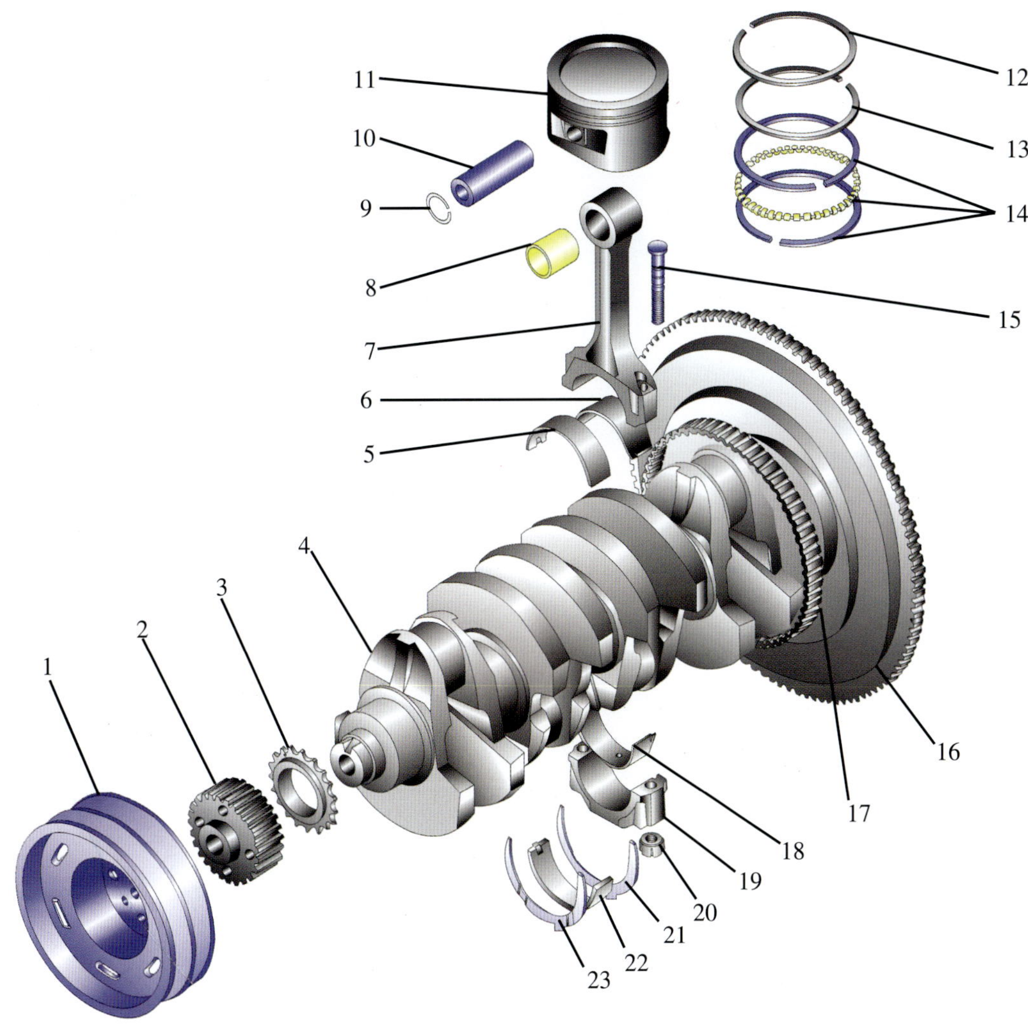

活塞组与曲轴飞轮组组成

图 12 活塞的结构

活塞的结构

活塞的顶部与汽缸盖、汽缸壁的相应空间共同组成燃烧室。活塞顶部为凹部，头部有三道用以安装活塞环的环槽，上面两道安装气环，第三道安装油环，在油环槽底面上钻有许多径向小孔，被油环从汽缸壁上刮下来的多余机油，可经过这些小孔流回油底壳。为了减小活塞的质量，采用尽可能小的活塞高度和较小的壁厚，活塞裙部壁厚不到2mm，活塞的高度仅为25.6mm。在活塞销座的两侧各镶有一块“恒范钢片”，以限制活塞裙部的热膨胀量，确保发动机热态工作时活塞与缸壁的间隙与冷态时活塞与缸壁的间隙基本一致，从而避免了发动机冷态工作时活塞裙部对汽缸壁的冲击。在冷态下活塞裙部设计成椭圆形断面，当发动机在正常温度下工作时，活塞裙部热膨胀成为正圆形，以获得比较均匀的活塞与汽缸壁间隙。活塞销座向内凹约8mm，使活塞销两支点距离变小，既减小了活塞销的长度，又提高了活塞销的刚度。

活塞的结构

裙部呈椭圆形

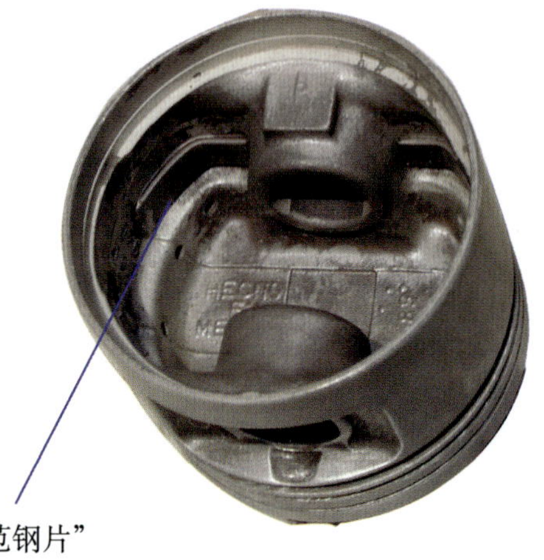

“恒范钢片”

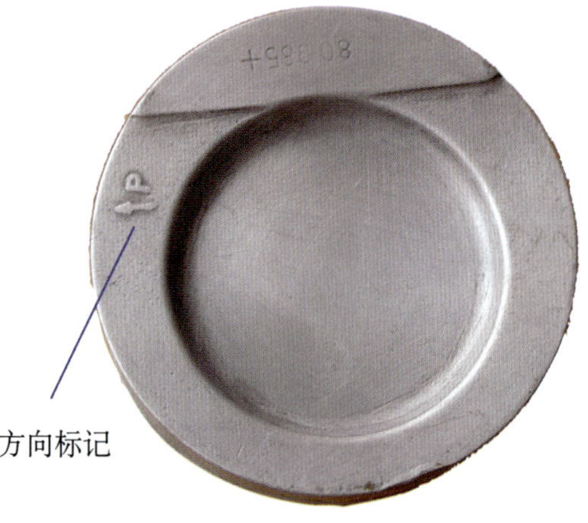

方向标记

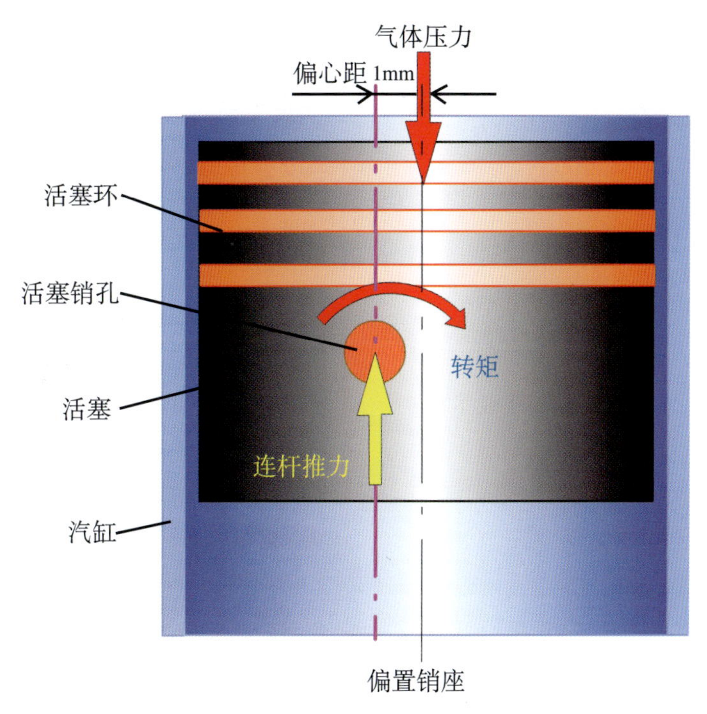

偏置销座工作原理

因销座偏置，在接近压缩上止点时，由于作用在活塞上的气体压力与连杆推力不同心而产生一个转矩，在转矩的作用下使活塞倾斜，裙部下端提前换向，而活塞在越过上止点后，连杆对活塞产生一个向左的侧压力，在侧压力的作用下，活塞以左下端接触处为支点，顶部向左转（不是平移），实现换向。可见偏置销座使活塞换向分成了两步，第一步是在气体压力较小时进行，且裙部弹性好，有缓冲作用；第二步虽然气体压力大，但它是个渐变过程。因此，两步过渡使换向冲击力大为减弱。

a)

b)

换向过程

图 14 活塞的检查与测量

活塞磨损测量

活塞的检查

1) 清除活塞积炭

折断一只旧活塞环，利用它来刮除活塞环槽及活塞顶部的积炭，注意操作时要小心仔细，不能损伤环槽及活塞顶部表面。

2) 检查活塞的外观

仔细检查活塞表面，若活塞表面有刮伤、烧伤痕迹，应更换新件。

活塞磨损测量

在与活塞销轴线成90°，距离活塞裙部下边缘约10mm处利用千分尺测量活塞裙部直径。标准活塞直径为ϕ80.98mm；第一次加大尺寸活塞直径为ϕ81.23mm；第二次加大尺寸活塞直径为ϕ81.48mm。测量活塞直径与标定尺寸的最大偏差为0.04mm。当活塞磨损超过规定值时，应予更换。

活塞的检查

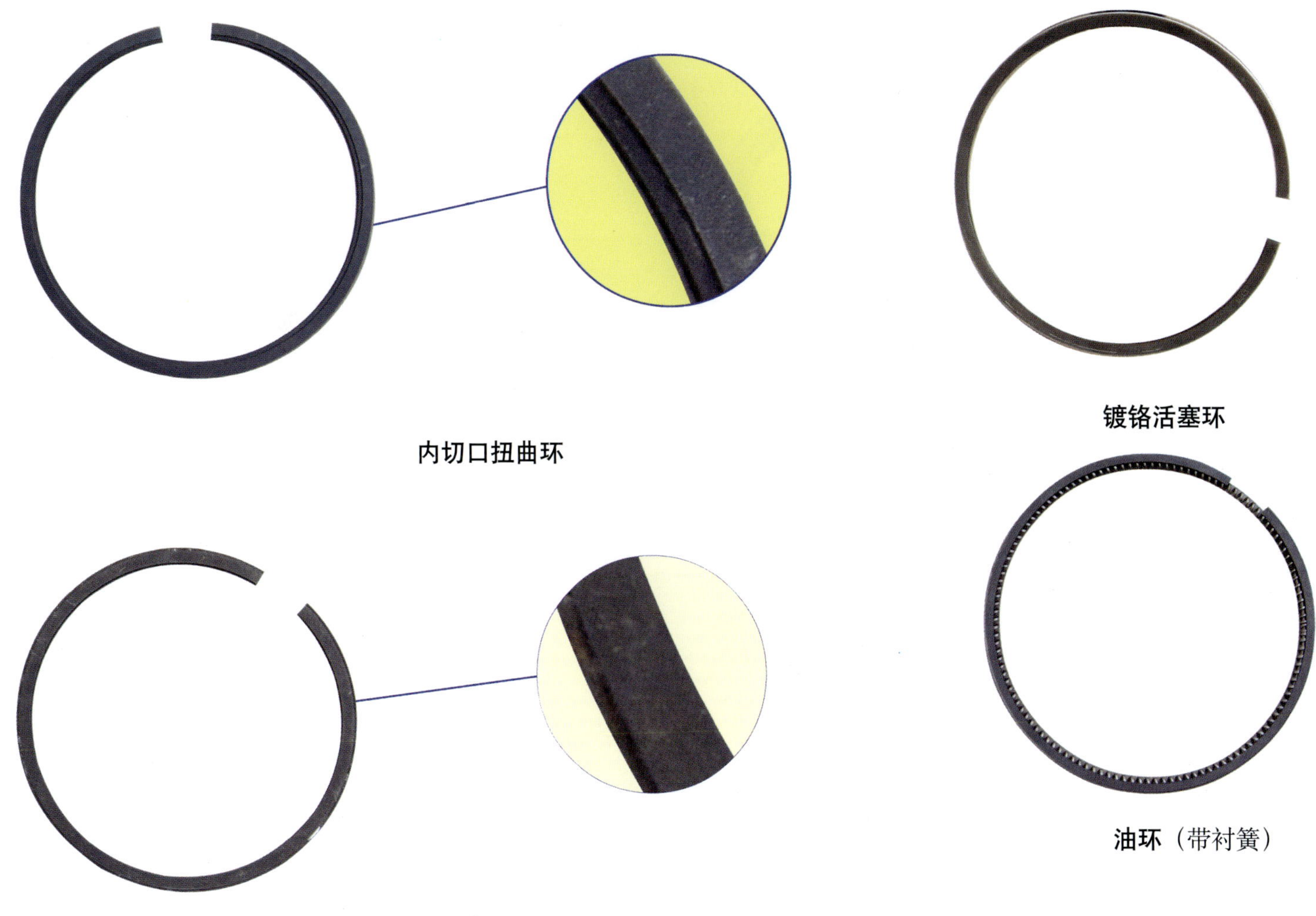

内切口扭曲环

镀铬活塞环

油环（带衬簧）

外切口扭曲环

活塞环的结构

活塞环安装在活塞环槽内，分为气环和油环。为改善活塞环的耐热及耐磨性、延长活塞环的使用寿命，第一道活塞环采用耐磨性能良好的球墨铸铁制成，表面镀铬，其断面形状为矩形。第二道气环为内切口扭曲环，扭曲环具有下行刮油、上行布油及与汽缸几何形状适应性强等特点。油环采用整体式，油环内有衬簧，以增加油环的刮油效果。

图 16　扭曲环的工作原理

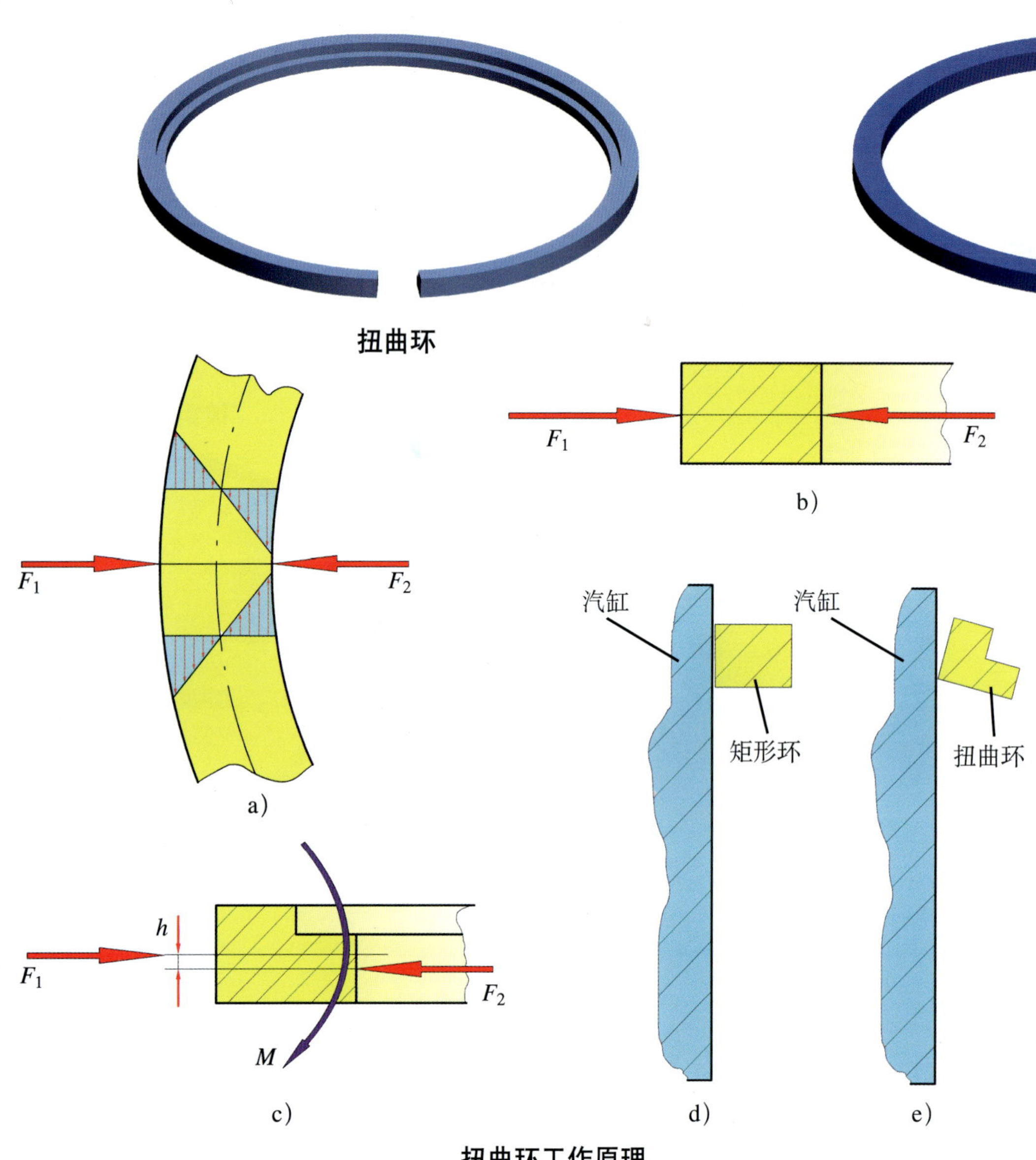

扭曲环工作原理

扭曲环是在矩形的内圆上边缘或外圆下边切去一部分形成的一种活塞环。

活塞环装入汽缸后，中性层的外侧受到拉应力 F_1，内侧受到压应力 F_2 见图a)，对矩形环来说，拉应力F_1和压应力F_2大小相等方向相反，且轴线重合，见图b)，因此活塞环不扭曲见图d)，扭曲环装入汽缸后，其外侧拉应力F_1和内侧压应力 F_2 轴线不重合，有一力臂 h，于是产生了扭曲转矩M见图c)。它使环外圆周扭曲成上小下大的锥形见图e)，从而使环的边缘与环槽的上下端面接触，提高了表面接触应力，防止了活塞环在环槽内上下窜动而造成的泵油作用，同时增加了密封性。

图 17 活塞环的密封原理与安装时的开口位置

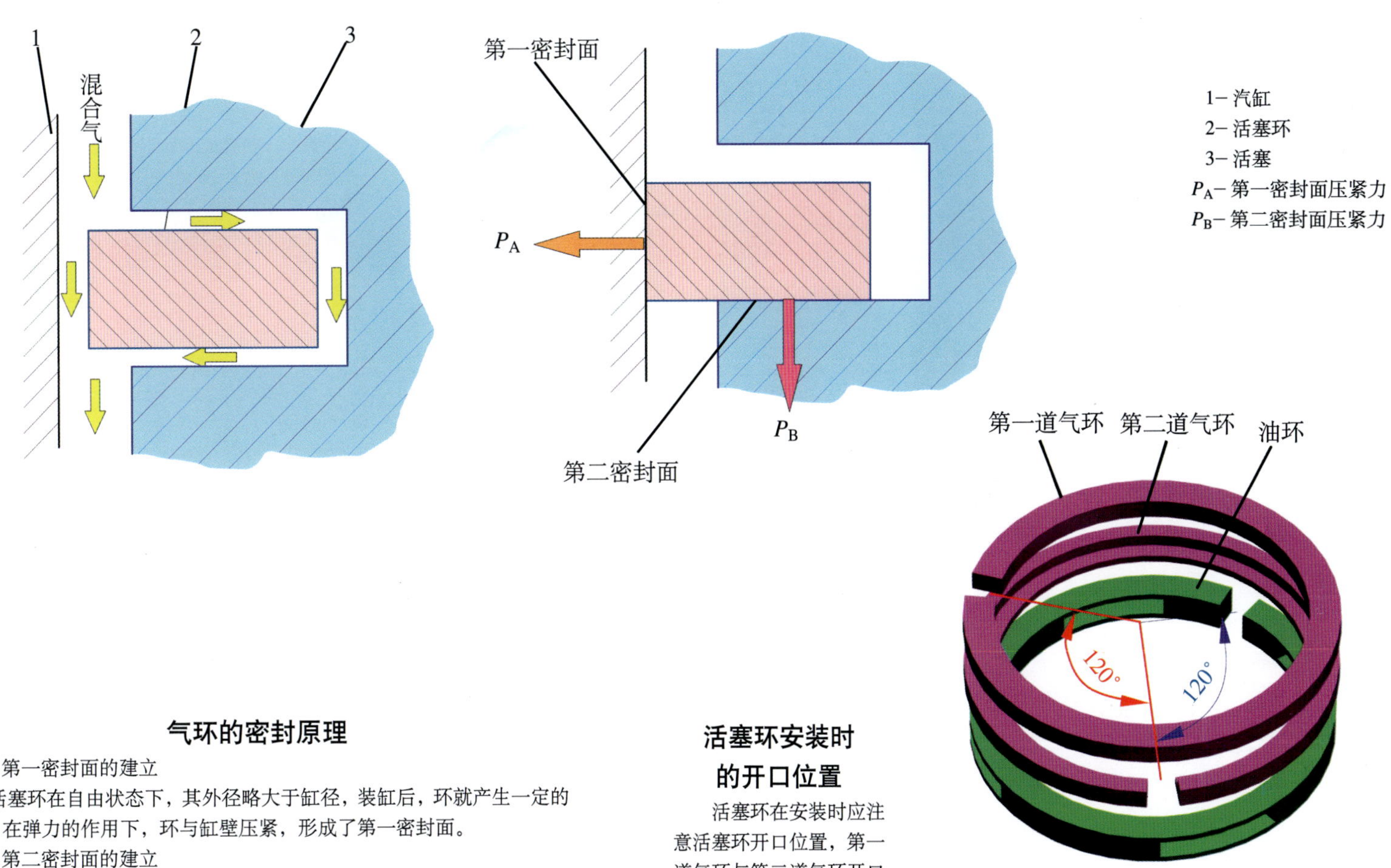

活塞环开口位置

气环的密封原理

1. 第一密封面的建立

活塞环在自由状态下，其外径略大于缸径，装缸后，环就产生一定的弹力，在弹力的作用下，环与缸壁压紧，形成了第一密封面。

2. 第二密封面的建立

在气体压力、惯性力、摩擦力等力的共同作用下，使环抵靠在环槽的上侧或下侧，形成第二密封面。

3. 气环的第二次密封

窜入活塞环背隙和侧隙的气体，产生了背压力和侧压力，使环对缸臂和环槽进一步压紧，显著加强了第一、二密封面的密封。

活塞环安装时的开口位置

活塞环在安装时应注意活塞环开口位置，第一道气环与第二道气环开口位置应错开120°，油环与第二道气环开口位置错开120°。

图 18　活塞环的安装间隙

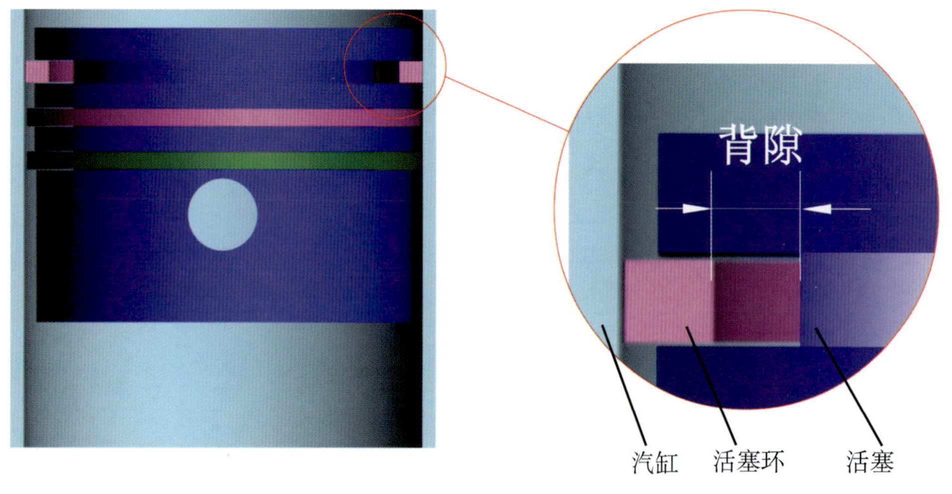

活塞环背隙

背隙是指活塞及活塞环装入汽缸后，活塞环背面与环槽底部的间隙。

背隙无法直接测量，通常是将活塞环装到活塞上后，观察活塞环的厚度是否小于环槽的深度，只要活塞环的厚度小于环槽的深度即可。

间隙

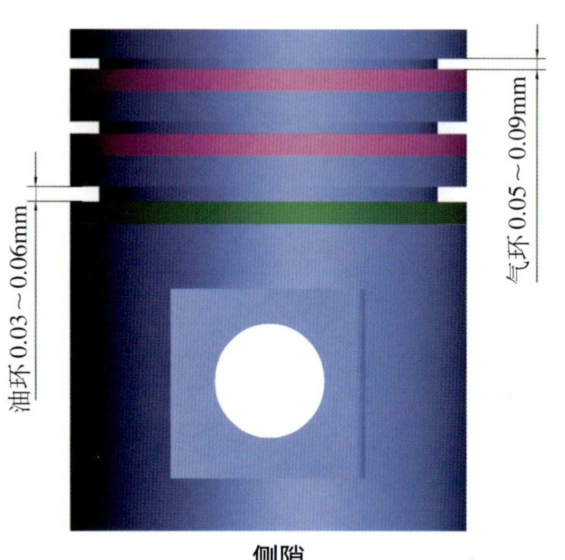

侧隙

活塞环侧隙

侧隙是指在环高方向上，环与环槽之间的间隙。

活塞环端隙

端隙是指活塞环装入汽缸后开口处的间隙。

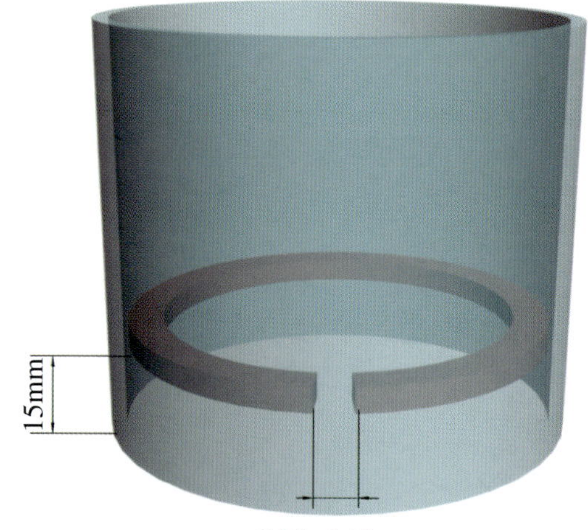

端隙

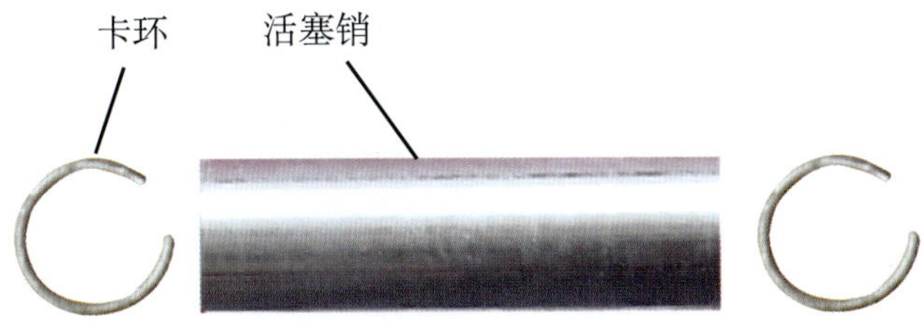

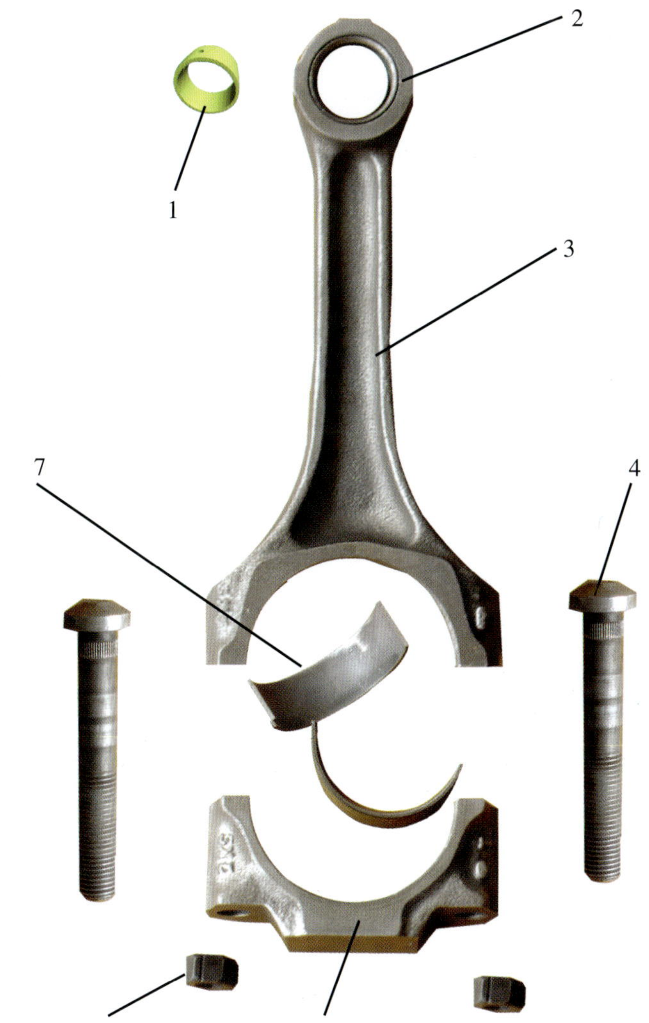

连杆的组成

活塞销及卡环

活塞销用来连接活塞和连杆，并把活塞所受的力传给连杆。

活塞销采用冷拔无缝钢管热处理后经精磨、抛光而成，其安装采用“全浮式”方式。即在热态下活塞销在活塞销座孔中及连杆小头的衬套孔内都能自由转动，这样使活塞销沿长度方向和圆周方向上的磨损较均匀一些。

装配时，用卡环钳装于活塞销两端的销环槽内，以防止活塞销沿轴向移动。卡环用高碳钢或合金弹簧钢丝卷制，具有足够的强度和弹度，以防止其松脱而造成汽缸壁损伤。

连　杆

连杆的作用是连接活塞和曲轴，把活塞的往复运动变为曲轴的旋转运动，并把活塞的动力传给曲轴。

连杆由小头、杆身、连杆盖、小头衬套、轴瓦、连杆螺栓及螺母等组成。

连杆由模锻加工制成，杆身采用“工”字形断面。

连杆的大头采用平切头，依靠连杆螺栓上的凸肩定位。

图 20 连杆的安装

连杆轴瓦

连杆轴瓦的作用是保持油膜，减少摩擦阻力，加速磨合，保护曲轴。

连杆轴瓦由瓦背和减磨层等组成，瓦背由碳钢制成，减磨层为锡铝合金材料，锡铝合金具有良好的耐磨性能，合金层厚0.2mm，瓦的总最度为1.5mm。

轴瓦的定位一方面是轴瓦定位唇，嵌入连杆盖的定位槽中，另一方面，轴瓦外径周长较座孔周长稍大，当轴瓦压入座孔并用一定压力压紧后，便产生了一定的过盈量，靠合适的过盈使轴瓦定位。

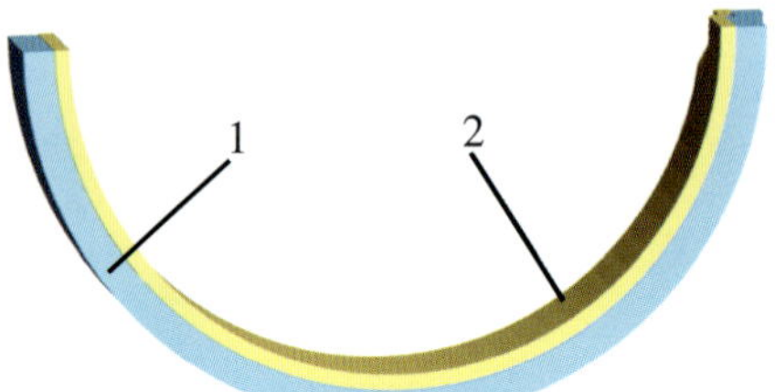

连杆轴瓦

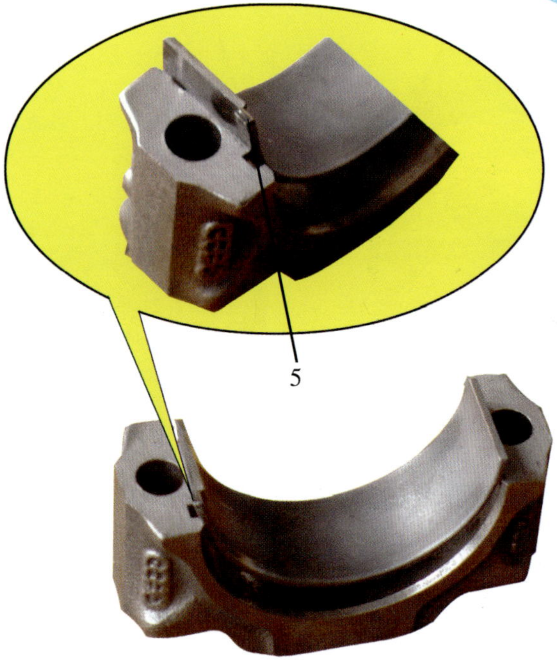

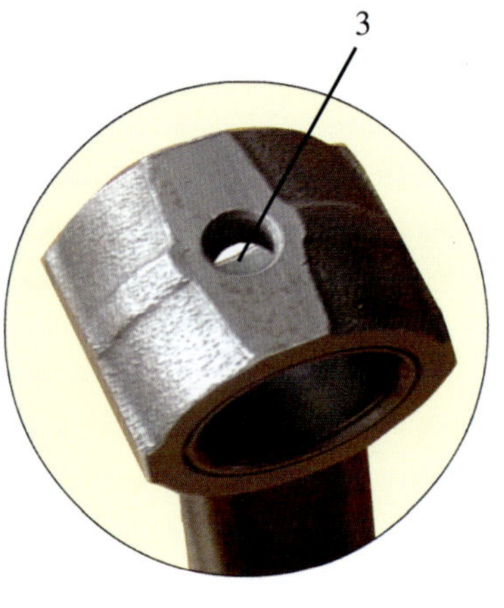

连杆小头进油口

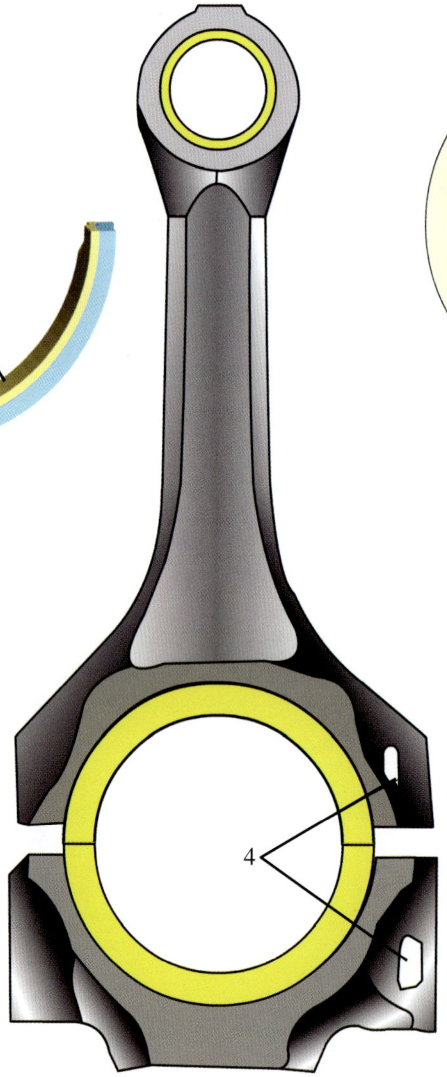

连杆小头有进油口，飞溅的润滑油可以从此孔进入活塞销和衬套，以润滑活塞销。

连杆的安装

连杆与活塞组装时，应注意连杆的朝前记号与活塞的超前记号保持一致，连杆轴承盖与连杆杆身组装时也应注意配对记号和朝前记号。

连杆螺栓的拧紧力矩为30N · m。

1- 瓦背
2- 减磨层
3- 连杆小头进油口
4- 朝前记号
5- 定位唇

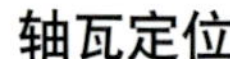

轴瓦定位

连杆

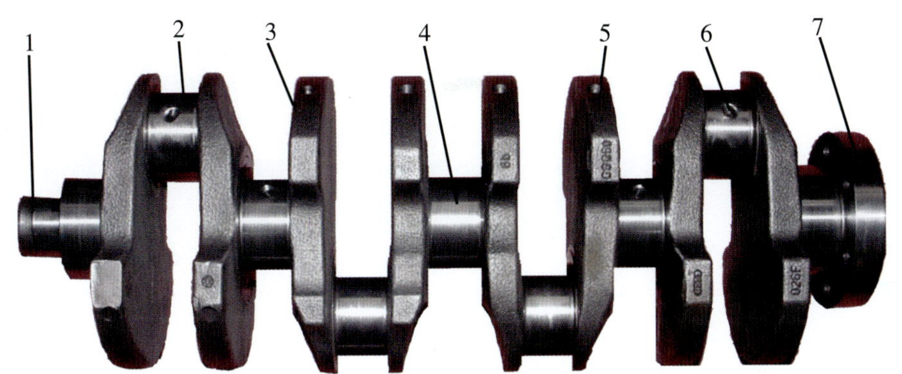

曲轴

曲轴的结构

曲轴的作用是把活塞连杆组传来的气体压力转变为转矩对外输出作功。

曲轴材料为球墨铸铁，经粗磨后中濒淬火，理经精加工制成。表面淬硬层厚度0.24mm，硬度为HRC57~62。

曲轴由主轴颈、连杆轴颈、曲柄及平衡块等组成。后端法兰通过螺栓将飞轮连接到曲轴上。为润滑连杆轴颈，从主轴颈向连杆轴颈钻有直径为ϕ5mm的油孔。

1- 前端轴
2- 连杆轴颈
3- 曲柄
4- 曲轴主轴颈
5- 平衡块
6- 润滑油道
7- 后端凸缘
8- 止推垫片
9- 曲轴主轴瓦（连杆轴瓦）
10- 曲轴主轴颈（连杆轴颈）

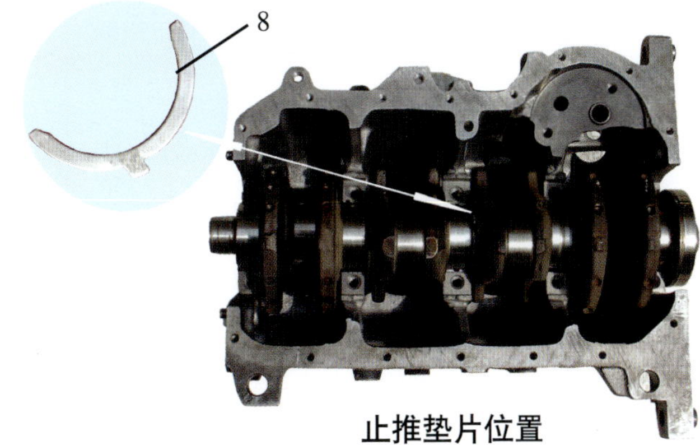

止推垫片位置

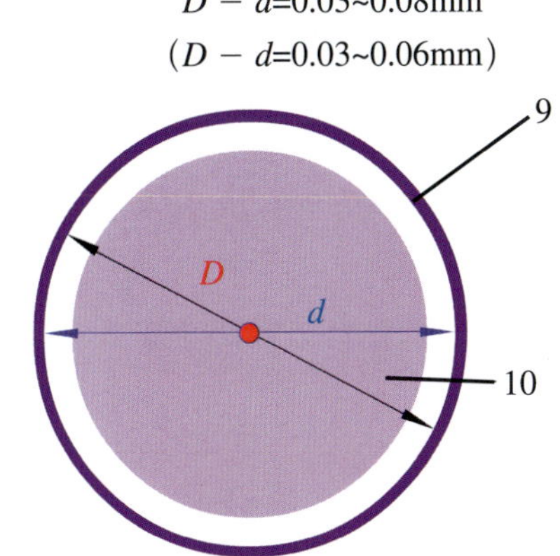

轴与轴瓦配合间隙

曲轴主轴颈与主轴承的径向间隙为0.03~0.08mm；曲轴连杆轴颈与连杆轴承的径向间隙为0.03~0.06mm；曲轴的轴向间隙为0.07~0.17mm。

图 22　曲轴的检修与扭转减振器

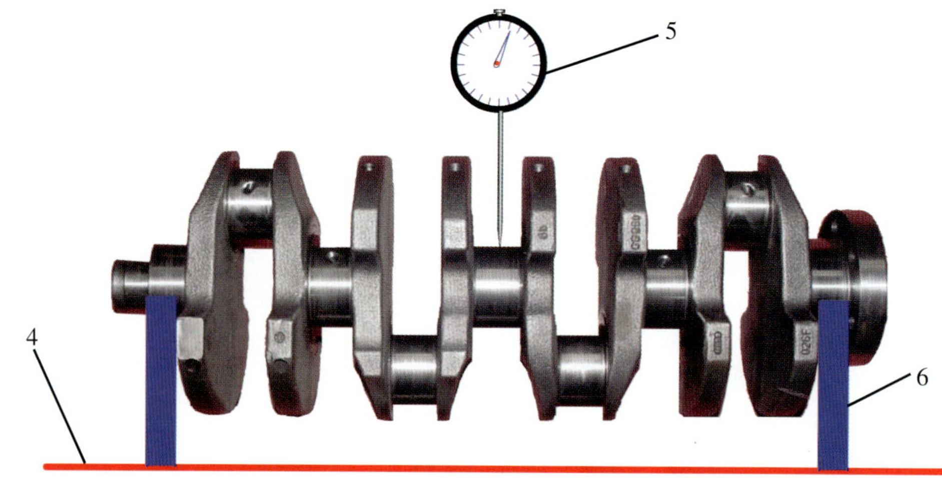

1– 内圈
2– 橡胶层
3– 外圈
4– 平台
5– 百分表
6–V 形铁

曲轴扭转减振器

曲轴本身是一个扭转弹性机件，具有一定的自振频率。为了消减曲轴的扭转振动，在发动机曲轴前端安装扭转减振器，以减少其振幅。

橡胶摩擦试扭转减振器有外圈（即 V 形皮带轮）、橡胶层和内圈三部分组成。

曲轴旋转时内圈通过弹性橡胶层带动外圈转动。当曲轴发生扭振时，外圈因惯量大而角速度均匀，曲轴的转速波动由橡胶层的交变变形而得以消减。

曲轴弯曲的检查

曲轴弯曲的检查方法是将曲轴两端放在 V 形块支撑的平台上，转动曲轴，找出在千分表上的最小读数，转动表盘使表针为零，再将曲轴转动 180°，这时百分表读数的一半即为曲轴的直线度误差，其值不大于 0.03mm。

曲轴轴颈修磨尺寸

项目 尺寸	曲轴主轴颈	曲轴连杆轴颈
标准尺寸	$54.00^{-0.022}_{-0.042}$	$47.80^{-0.022}_{-0.042}$
第一次减小尺寸	$53.75^{-0.022}_{-0.044}$	$47.55^{-0.022}_{-0.044}$
第二次减小尺寸	$53.50^{-0.022}_{-0.042}$	$47.30^{-0.022}_{-0.042}$
第三次减小尺寸	$53.25^{-0.022}_{-0.042}$	$47.05^{-0.022}_{-0.042}$

图 23　配气机构的作用与组成

配气机构的作用

配气机构的作用是按照发动机各缸工作循环的需要，定时地开启和关闭进、排气门，使混合气进入汽缸，而让燃烧后的废气排出汽缸。

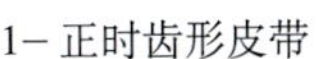

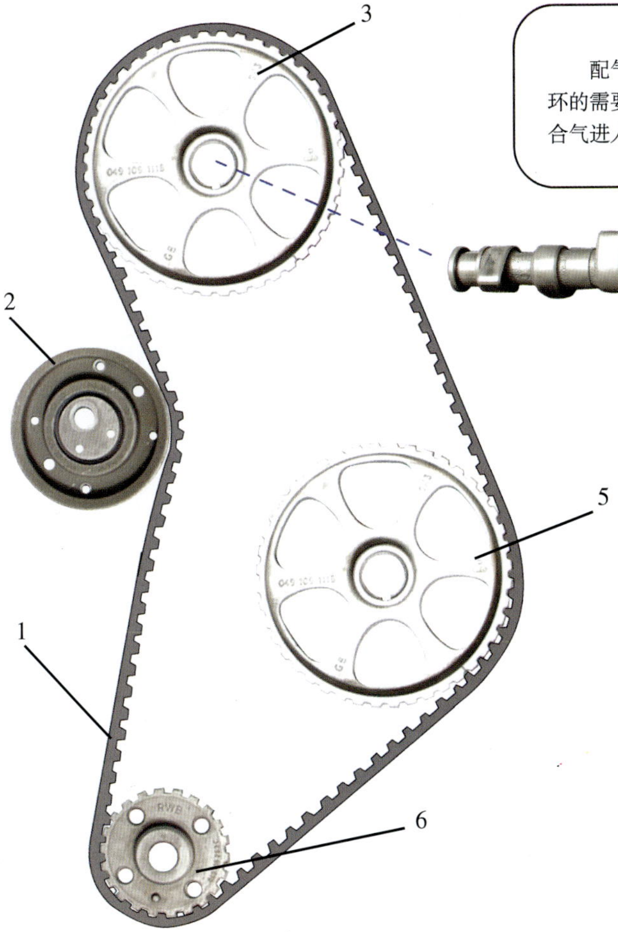

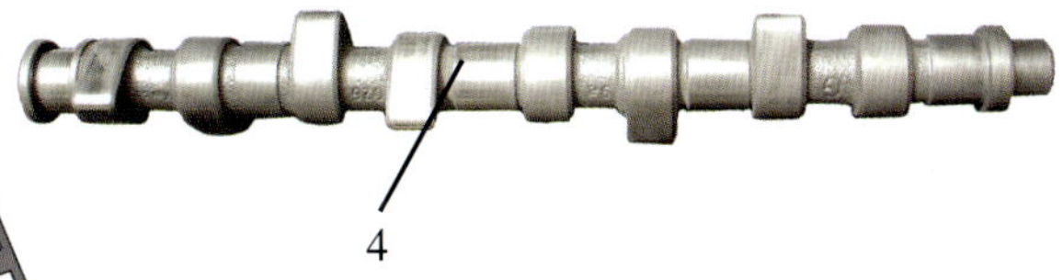

1– 正时齿形皮带
2– 张紧轮
3– 凸轮轴正时皮带轮
4– 凸轮轴
5– 中间轴正时皮带轮
6– 曲轴正时皮带轮
7– 气门弹簧座
8– 气门锁片
9– 气门弹簧
10– 气门油封
11– 气门导管
12– 气门
13– 气门座圈

气门驱动组

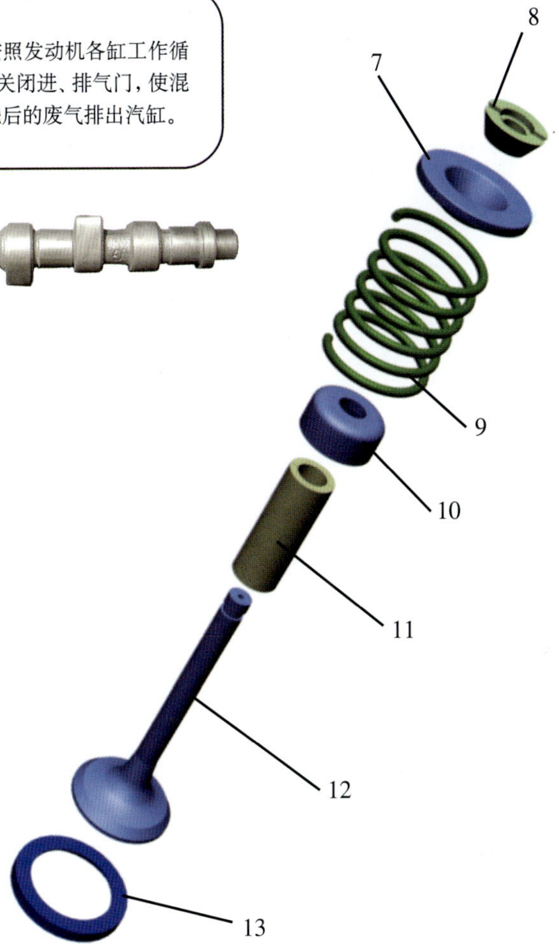

气门组

配气机构的组成

配气机构由气门驱动组、气门组两组组成。

图 24 配气机构工作原理

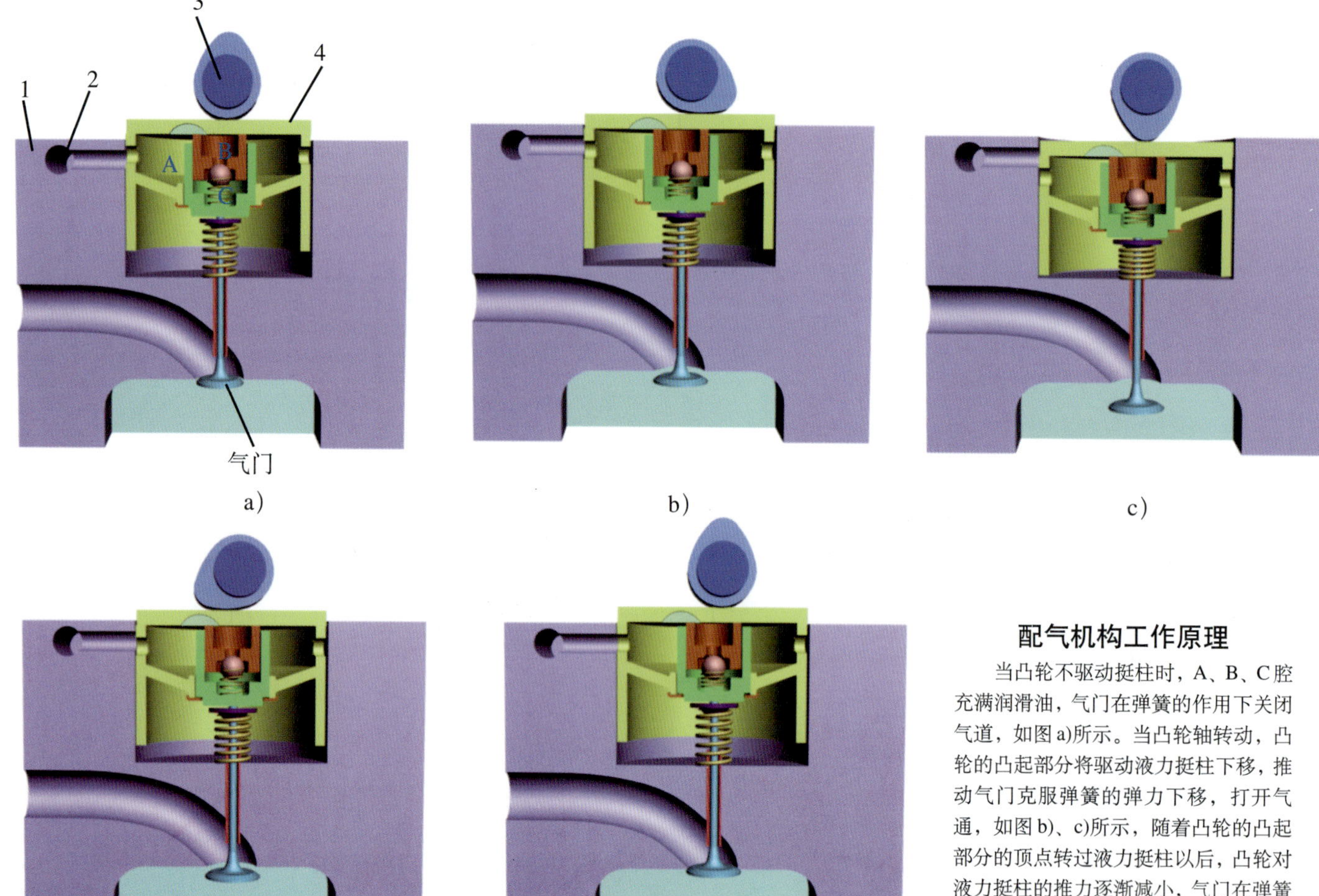

1－缸盖
2－油道
3－凸轮轴
4－液力挺柱

配气机构工作原理简图

配气机构工作原理

当凸轮不驱动挺柱时，A、B、C腔充满润滑油，气门在弹簧的作用下关闭气道，如图a)所示。当凸轮轴转动，凸轮的凸起部分将驱动液力挺柱下移，推动气门克服弹簧的弹力下移，打开气通，如图b)、c)所示，随着凸轮的凸起部分的顶点转过液力挺柱以后，凸轮对液力挺柱的推力逐渐减小，气门在弹簧弹力的作用下上移，逐渐关闭气道，如图d)、e）所示。

图 25 配气相位

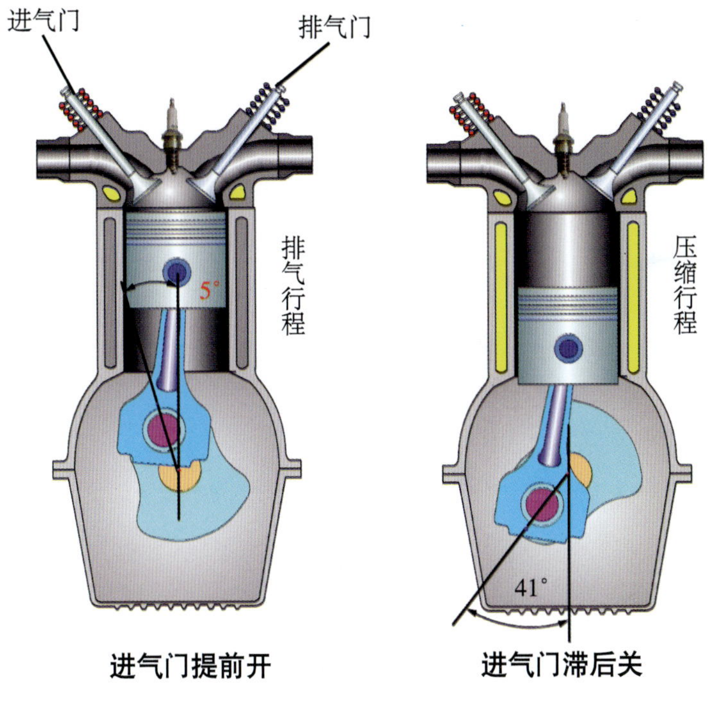

进气门提前开　　进气门滞后关

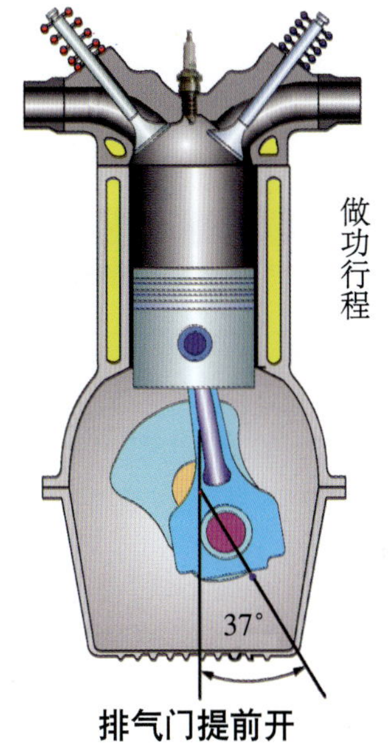

排气门提前开

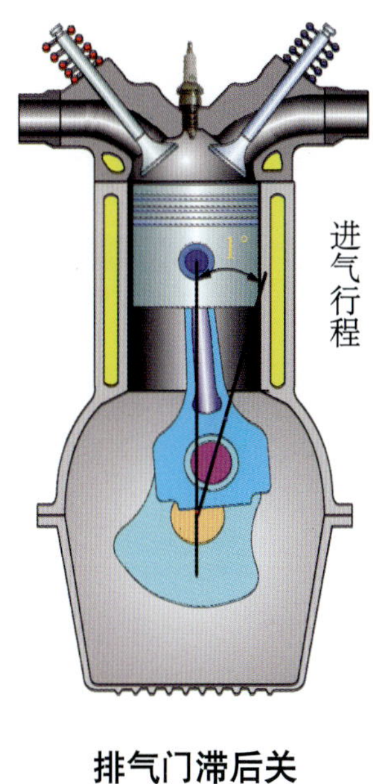

排气门滞后关

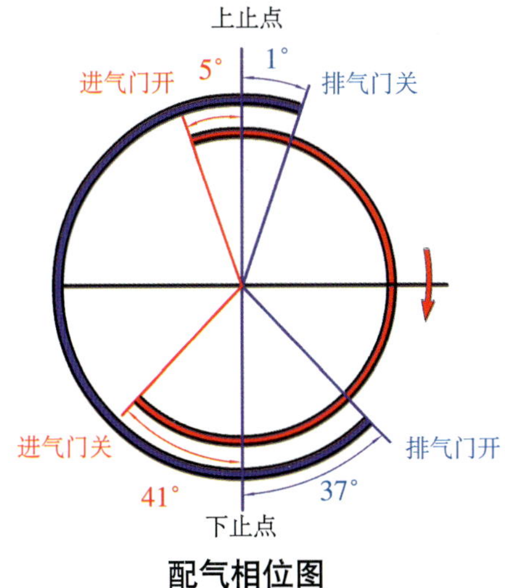

配气相位图

配 气 相 位

配气相位是指用曲轴转角表示的进、排气门开闭时刻和开启持续时间。

气门早开晚关的目的：

进气充分、排气彻底

图 26 气门检修

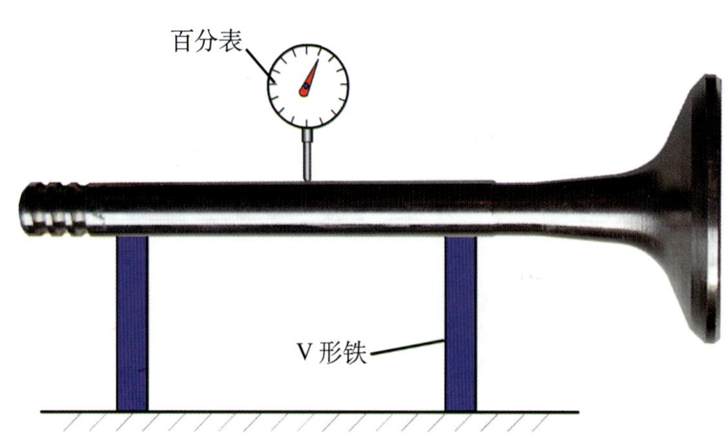

气门杆弯曲检验

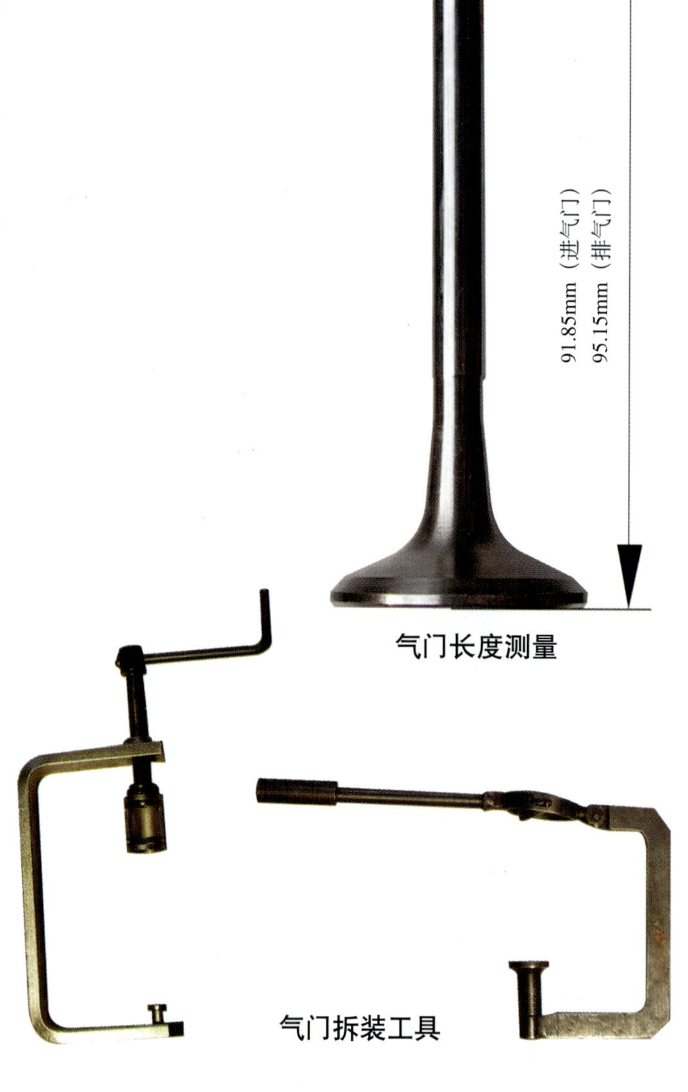

气门长度测量

气门拆装工具

气门的检修

(1) 用千分表检查气门杆直线度公差，要求其直线度公差不大于 0.02mm，若气门杆弯曲应校正。

(2) 测量气门杆中上部磨损程度，通常与气门杆尾部未磨损部分对比进行测量，若磨损超过 0.05mm，或用手触摸有明显的阶梯感觉时，应更换气门。

(3) 测量气门杆长度，进气门长度为 91.85mm，排气门长度为 95.15mm。

(4) 气门工作面磨损起槽、变宽或出现斑点、凹陷时，不允许光磨只可研磨。

测量气门座最大允许修复尺寸

气门座维修

1) 测量气门座最大允许修复尺寸如图所示，将气门放到气门座上压紧，测量气门尾部到缸盖之间的距离a，对进气门，测量尺寸a—33.8其差值即为允许修复尺寸，对排气门，测量尺寸a—34.1其差值即为允许修复尺寸，如果其差值等于零或小于零，则应更换气门座或缸盖。

2) 铰削气门座分别利用45°和30°的铰刀修复气门座工作面。要求气门座工作面c=2mm左右。

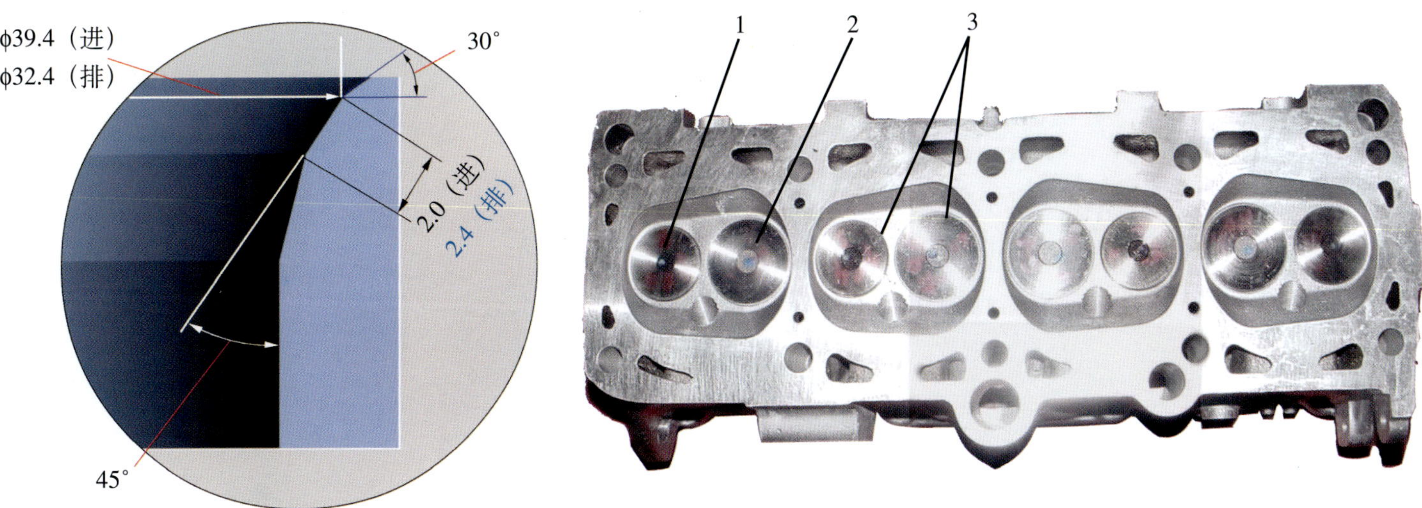

气门座维修尺寸

气门与气门座在缸盖上的位置

图 28 气门密封性能检查

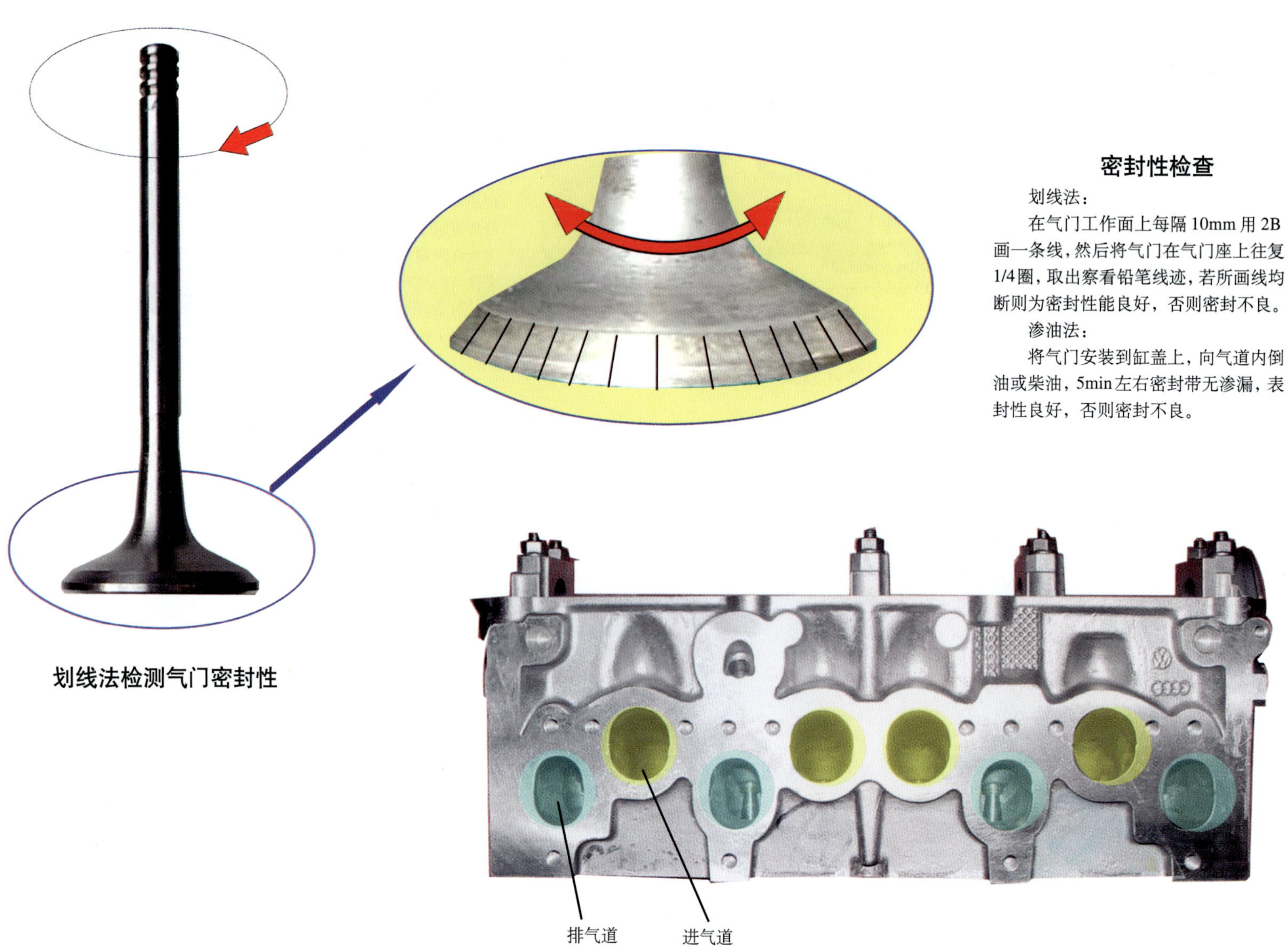

划线法检测气门密封性

渗油法检测气门密封性

密封性检查

划线法：

在气门工作面上每隔 10mm 用 2B 铅笔画一条线，然后将气门在气门座上往复旋转 1/4 圈，取出察看铅笔线迹，若所画线均被切断则为密封性能良好，否则密封不良。

渗油法：

将气门安装到缸盖上，向气道内倒入煤油或柴油，5min 左右密封带无渗漏，表明密封性良好，否则密封不良。

液力挺柱

液力推柱检修

1. 预热发动机，将发动机转速提高到 2500r/min，并运行 2min，如果液力挺柱还有噪声，则应对液力挺柱进行检查。

2. 让发动机停转，转动凸轮轴使凸轮朝上，轻轻压下液力挺柱，测量凸轮与液力挺柱之间的间隙，如果间隙大于 0.2mm，则应更换液力挺柱。

注意，新换上的液力挺杆，在 30min 内不应起动发动机，使液力挺柱充分自动调节其有效高度，否则，气门会撞到活塞上。

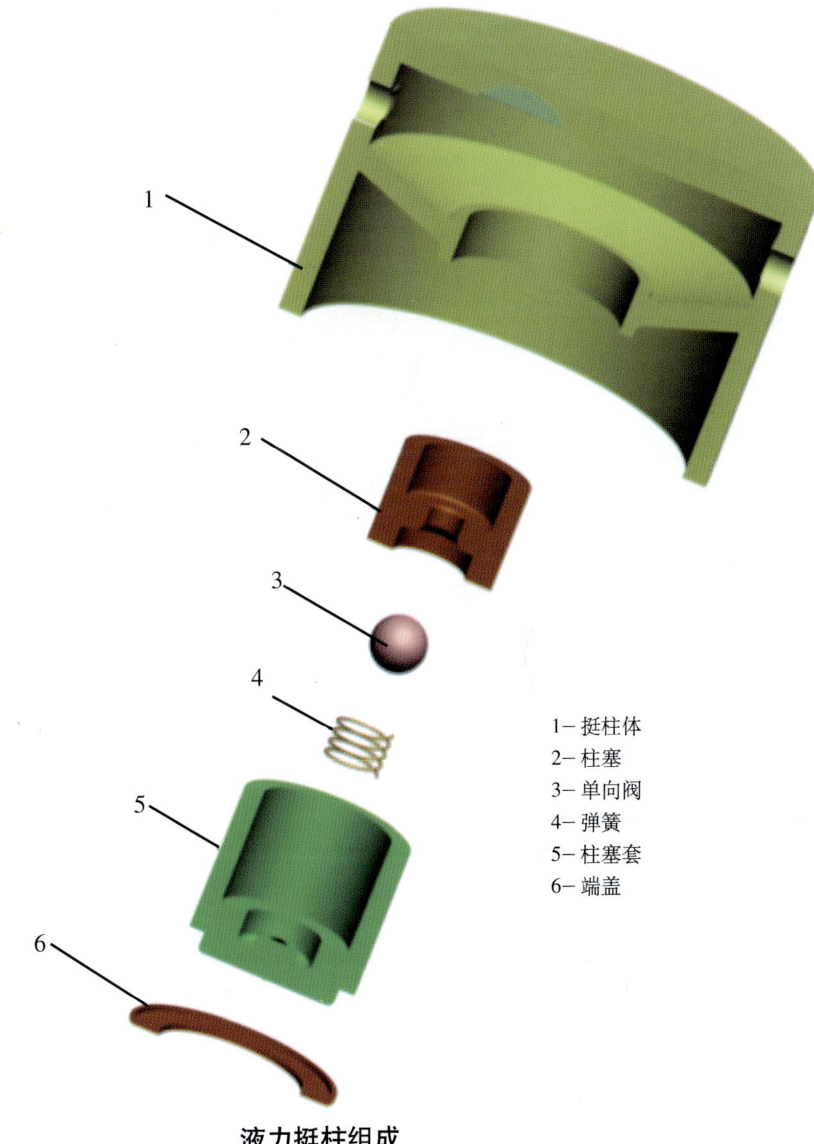

液力挺柱组成

图 30 液力挺柱工作原理

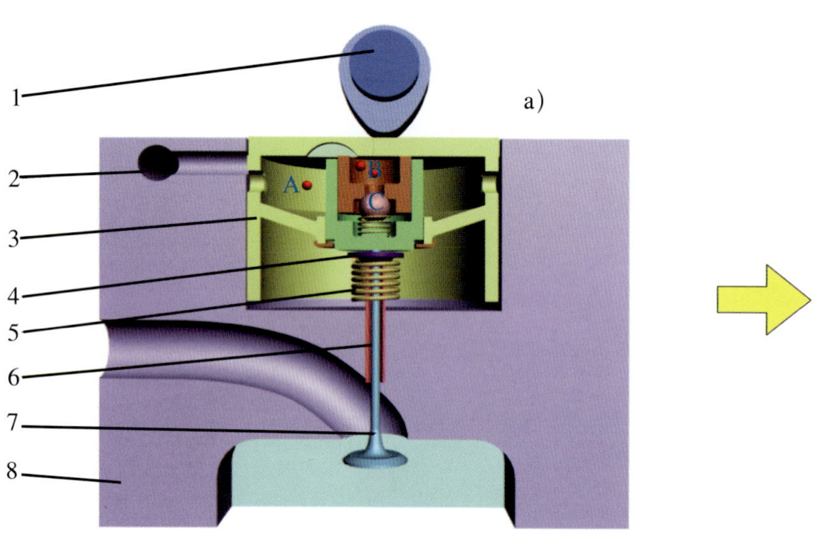

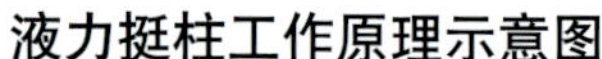

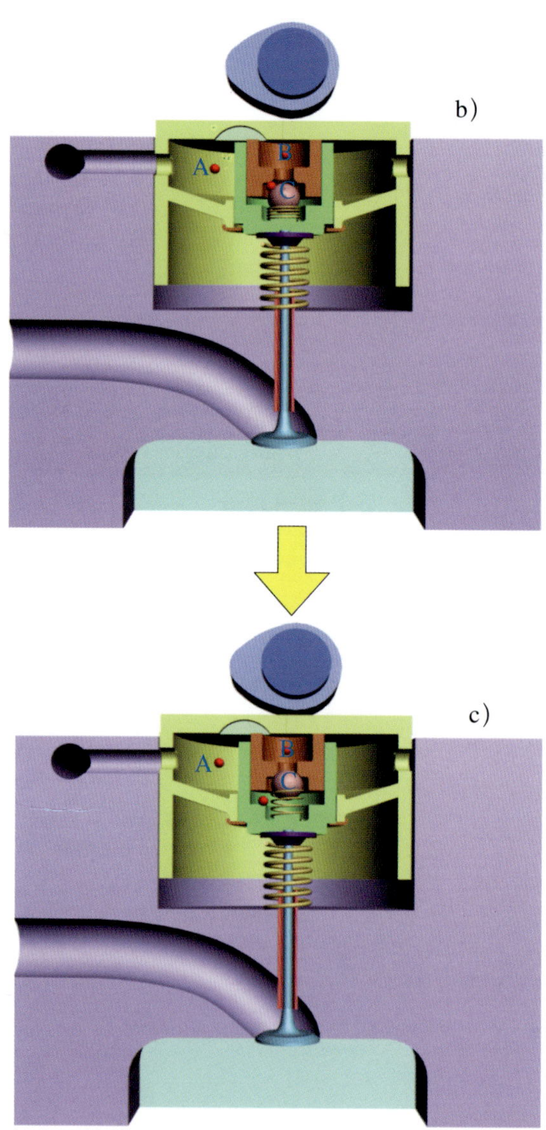

液力挺柱工作原理示意图

1－凸轮轴；2－油道；3－液力挺柱总成；4－气门弹簧座与锁片；5－气门弹簧；6－气门导管；7－气门；8－缸盖

液力挺柱工作原理

1.当凸轮驱动液力挺柱时，凸轮的推力作用在液力推柱体上，挺柱体下移带动柱塞下移，柱塞使高压腔C的油压升高，挺柱便像一个整体一样推动气门开启，如图a)所示。

2.当凸轮不驱动液力挺柱时，凸轮解除了对液力推柱的推力，此时高压腔的油压低于低压腔，在油压的作用下，低压腔的机油进入高压腔，向高压腔充油，以补充工作时泄漏的机油，如图b)、c)所示。

3.当配气机构件热胀冷缩时，通过调节补油量，保持配气机构无间隙传力。

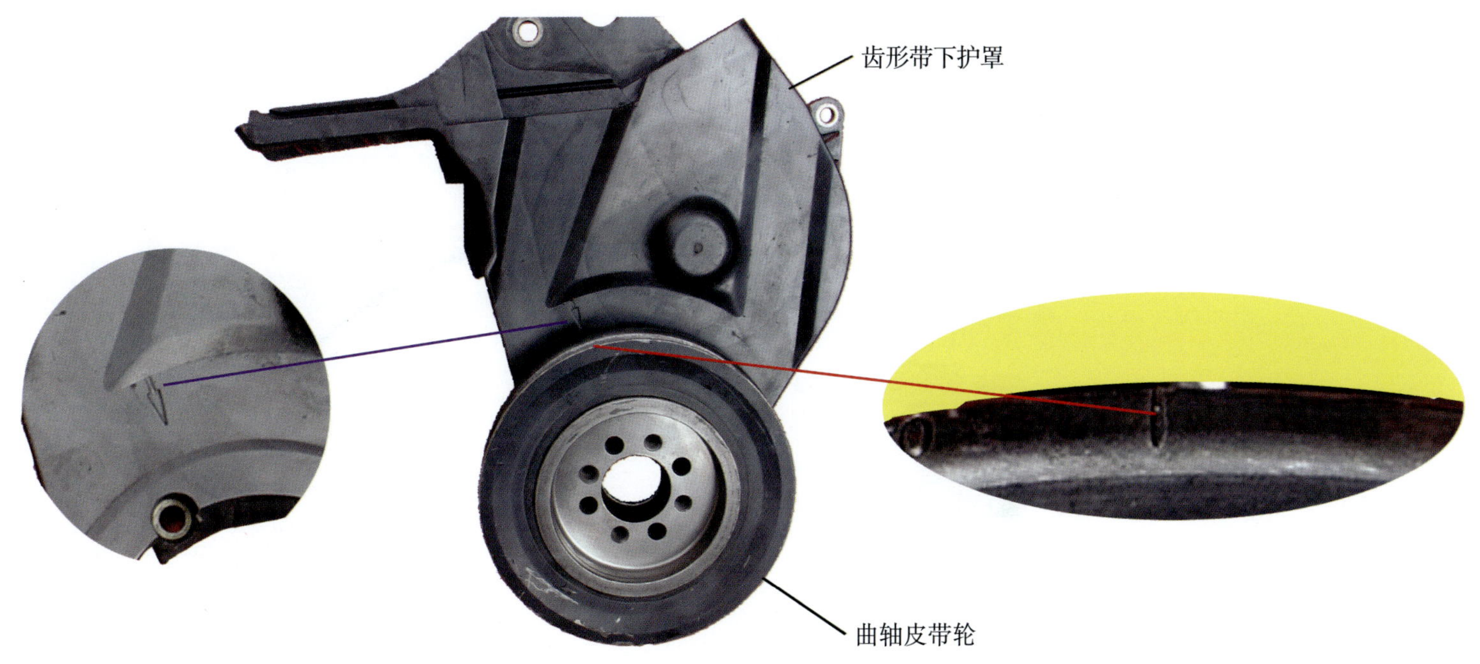

曲轴皮带轮正时记号

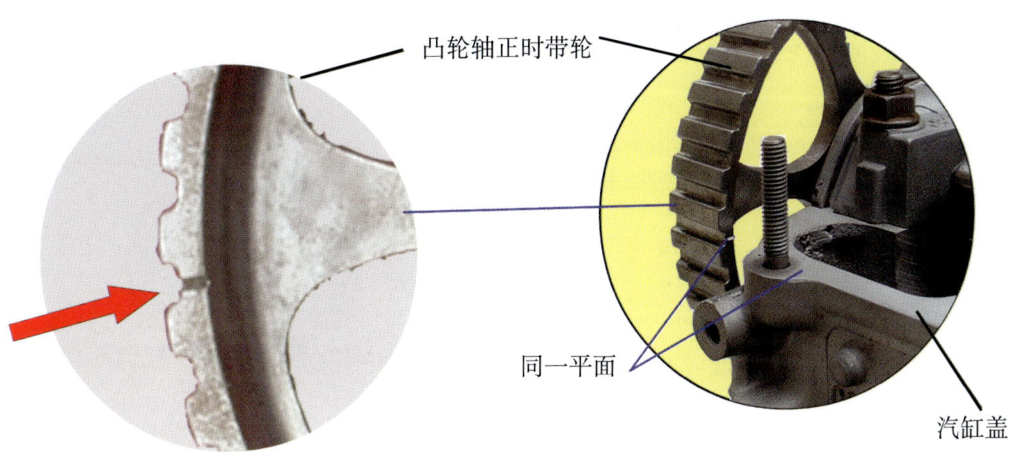

凸轮轴正时带轮正时记号

配气正时记号

将齿形带下护罩安装在发动机上，转动曲轴，使曲轴皮带轮正时记号与齿形带下护罩正时记号对齐。

将凸轮轴正时带轮安装到凸轮轴上，转动凸轮轴，使凸轮轴正时带轮正时记号与缸盖上平面平齐，使一缸进、排气凸轮呈上“八”字，即一缸进、排气门均关闭。

图 32 电控汽油喷射基本工作原理

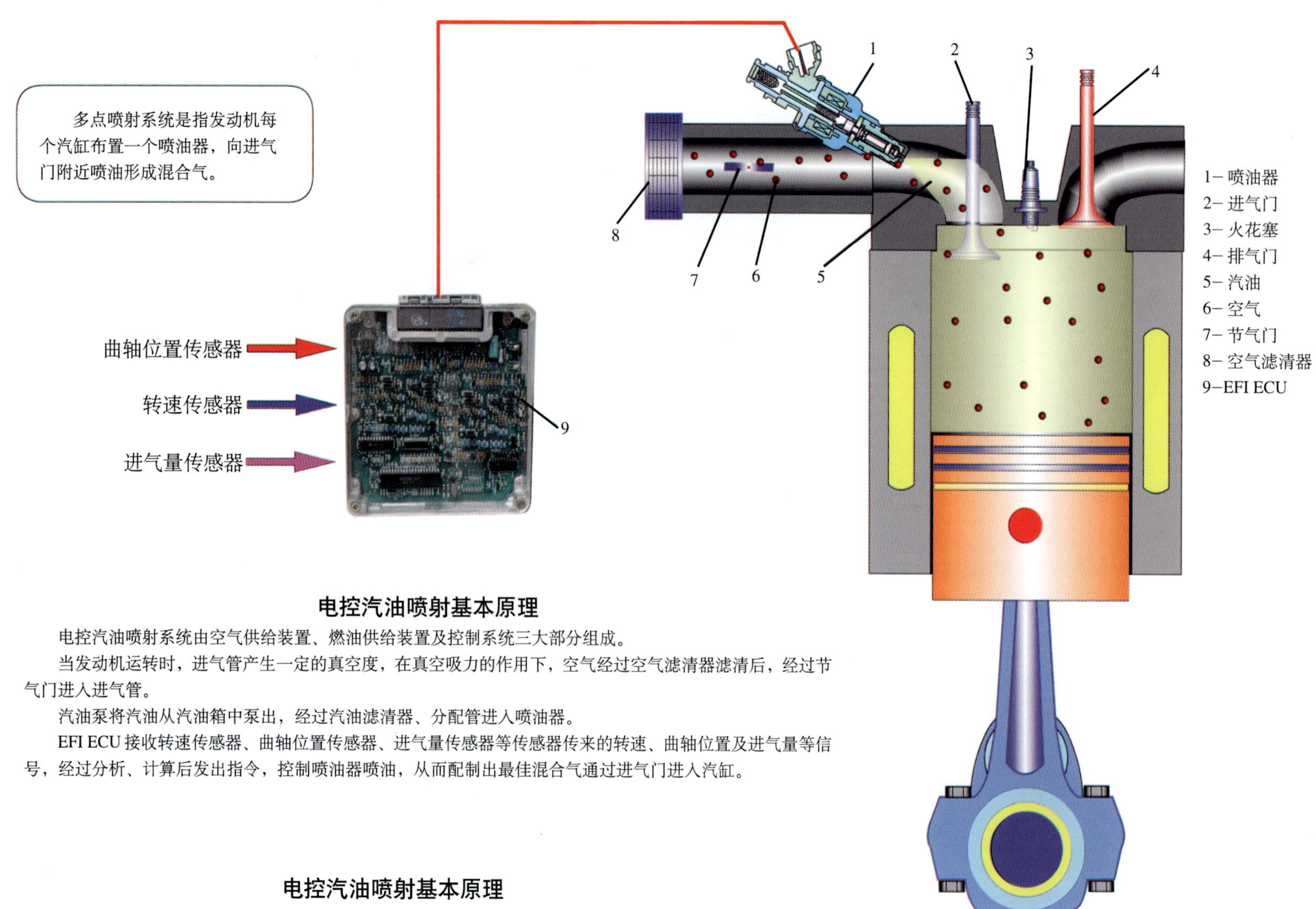

电控汽油喷射基本原理

电控汽油喷射系统由空气供给装置、燃油供给装置及控制系统三大部分组成。

当发动机运转时，进气管产生一定的真空度，在真空吸力的作用下，空气经过空气滤清器滤清后，经过节气门进入进气管。

汽油泵将汽油从汽油箱中泵出，经过汽油滤清器、分配管进入喷油器。

EFI ECU 接收转速传感器、曲轴位置传感器、进气量传感器等传感器传来的转速、曲轴位置及进气量等信号，经过分析、计算后发出指令，控制喷油器喷油，从而配制出最佳混合气通过进气门进入汽缸。

电控汽油喷射基本原理

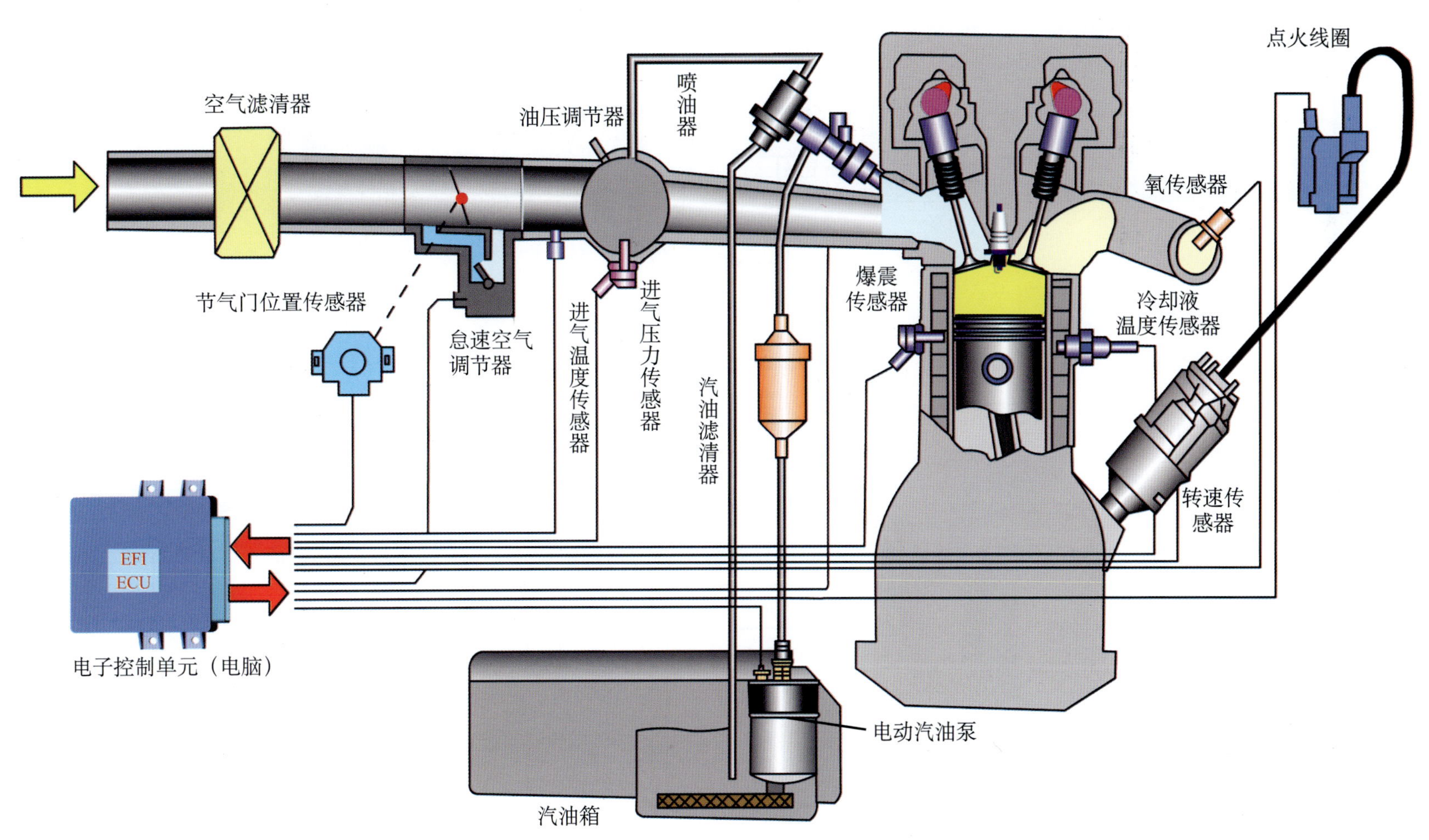

压力型电控汽油喷射系统

图 34 电控汽油喷射系统组成（流量型）

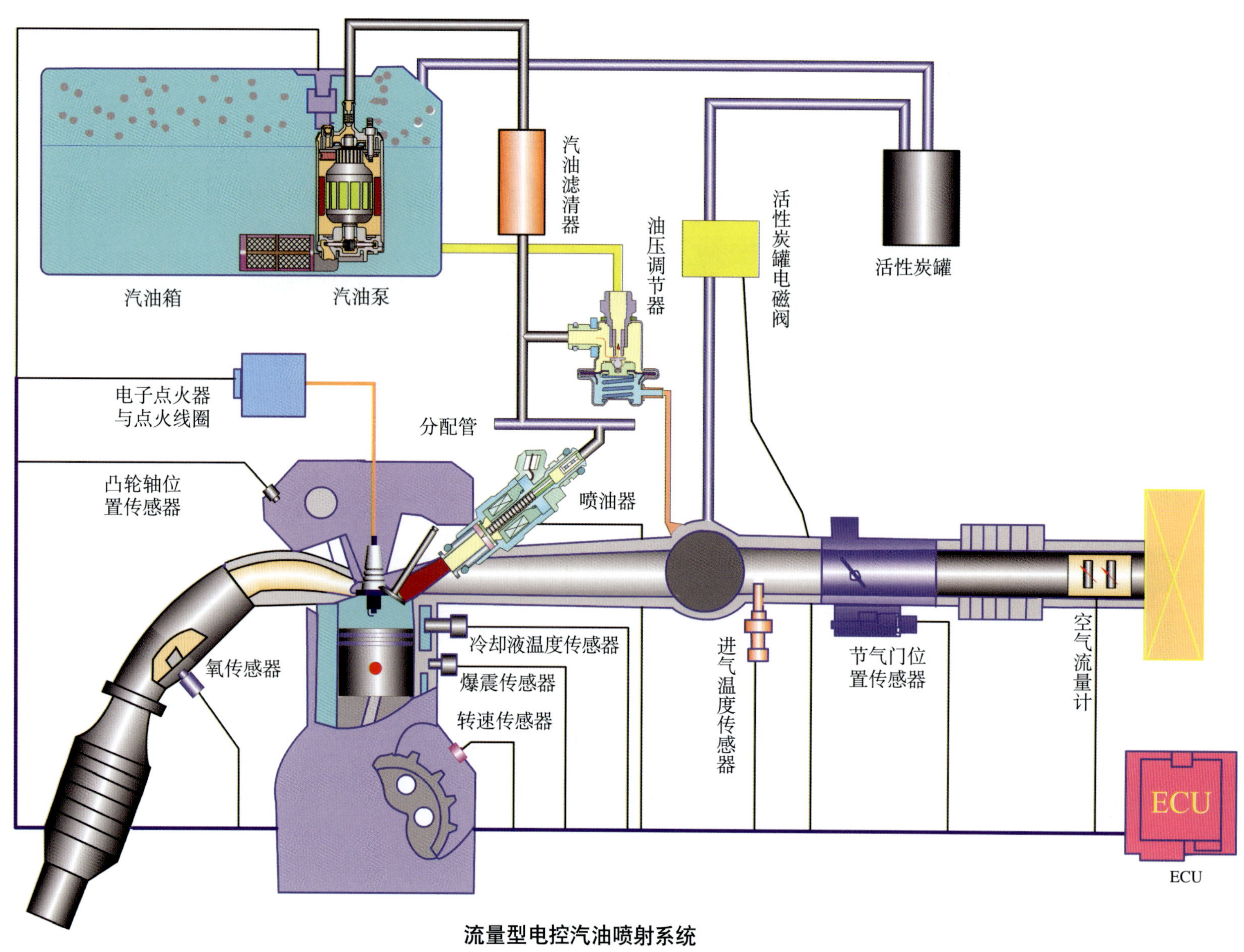

流量型电控汽油喷射系统

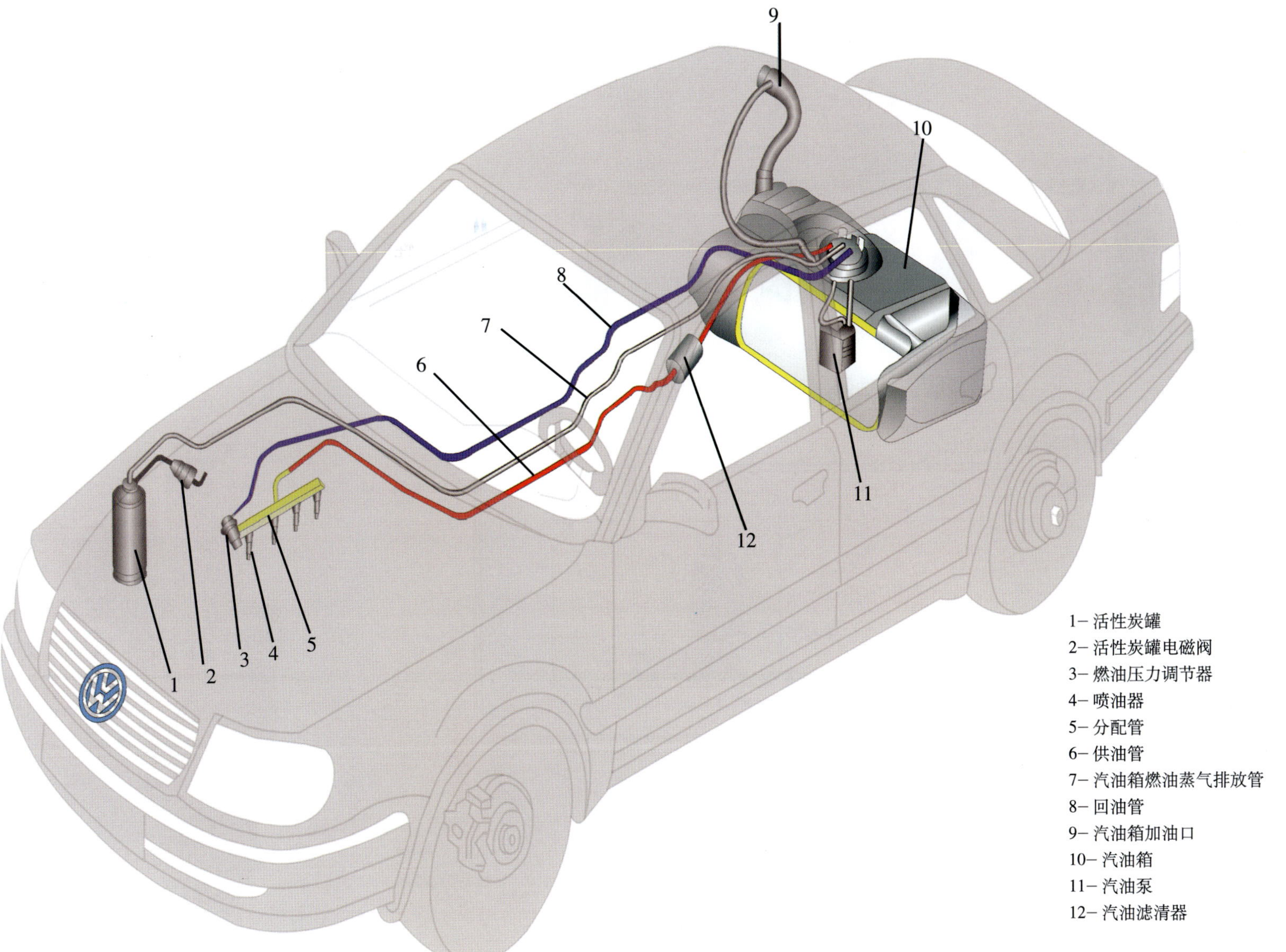

1- 活性炭罐
2- 活性炭罐电磁阀
3- 燃油压力调节器
4- 喷油器
5- 分配管
6- 供油管
7- 汽油箱燃油蒸气排放管
8- 回油管
9- 汽油箱加油口
10- 汽油箱
11- 汽油泵
12- 汽油滤清器

燃油供给系统在车上的位置

图 36 电控汽油喷射燃油供给系统

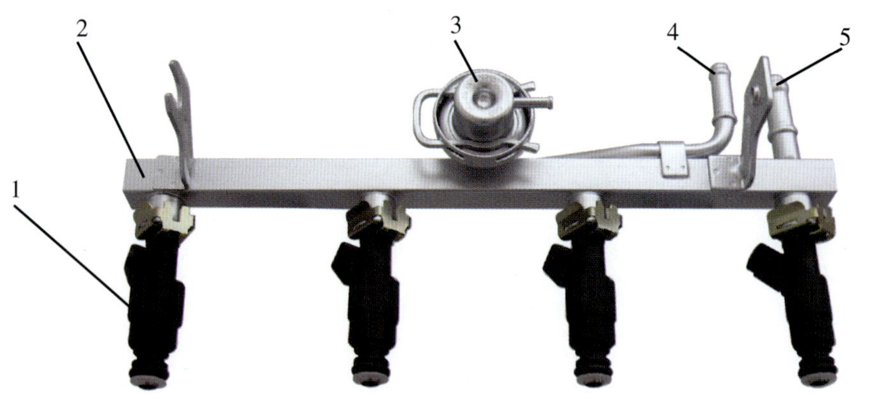

分配管、喷油器、油压调节器实物

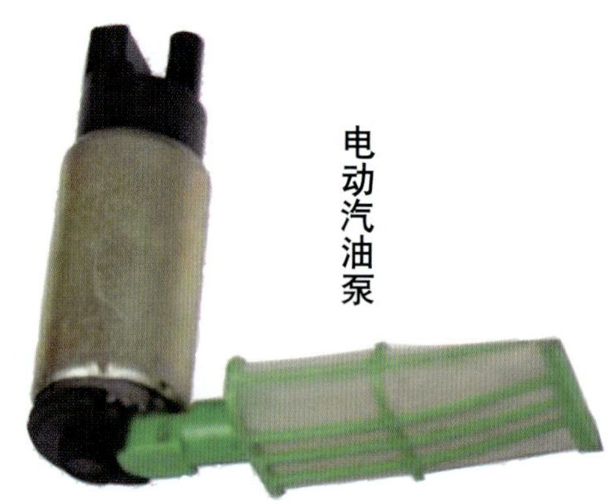
电动汽油泵

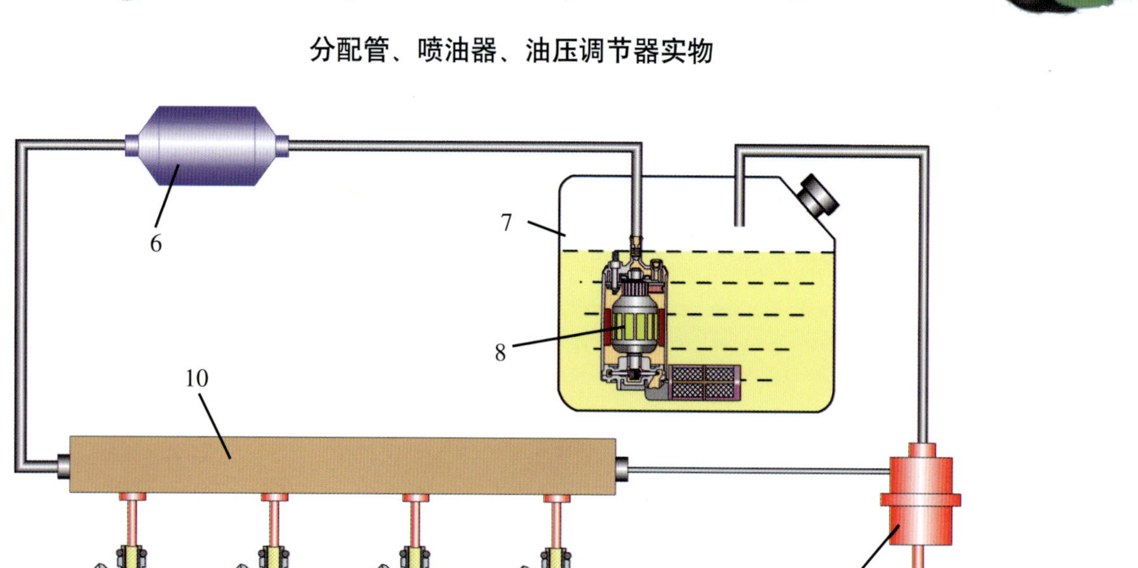

电控汽油喷射燃油供给系统

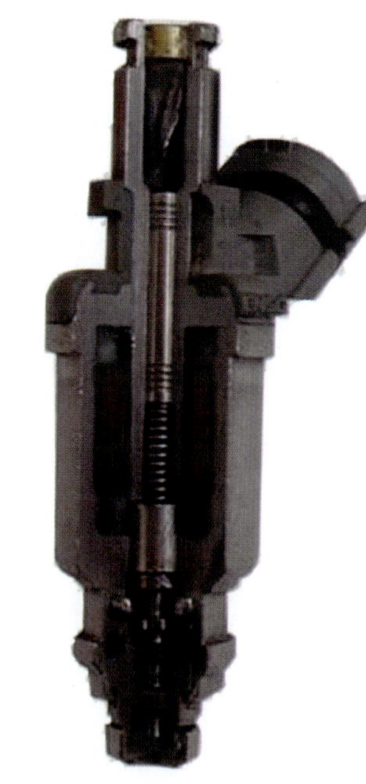
喷油器

1－喷油器
2－燃油分配管
3－油压调节器
4－回油管接口
5－进油管接口
6－汽油滤清器
7－汽油箱
8－电动汽油泵
9－油压调节器
10－燃油分配管
11－喷油器

图 37 进排气系统在车上的位置

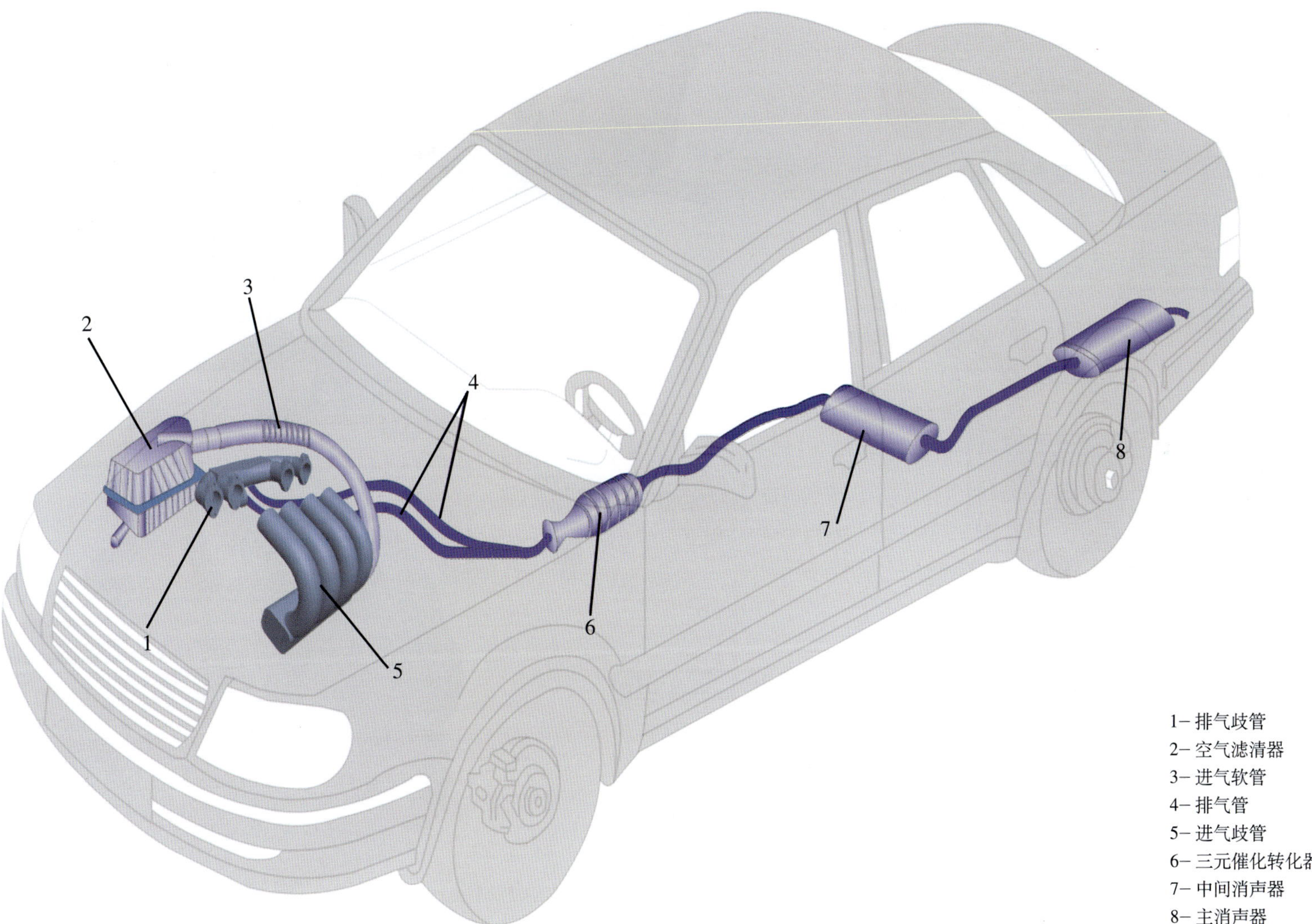

进排气系统在车上的位置

图 38　电控汽油喷射空气供给系统

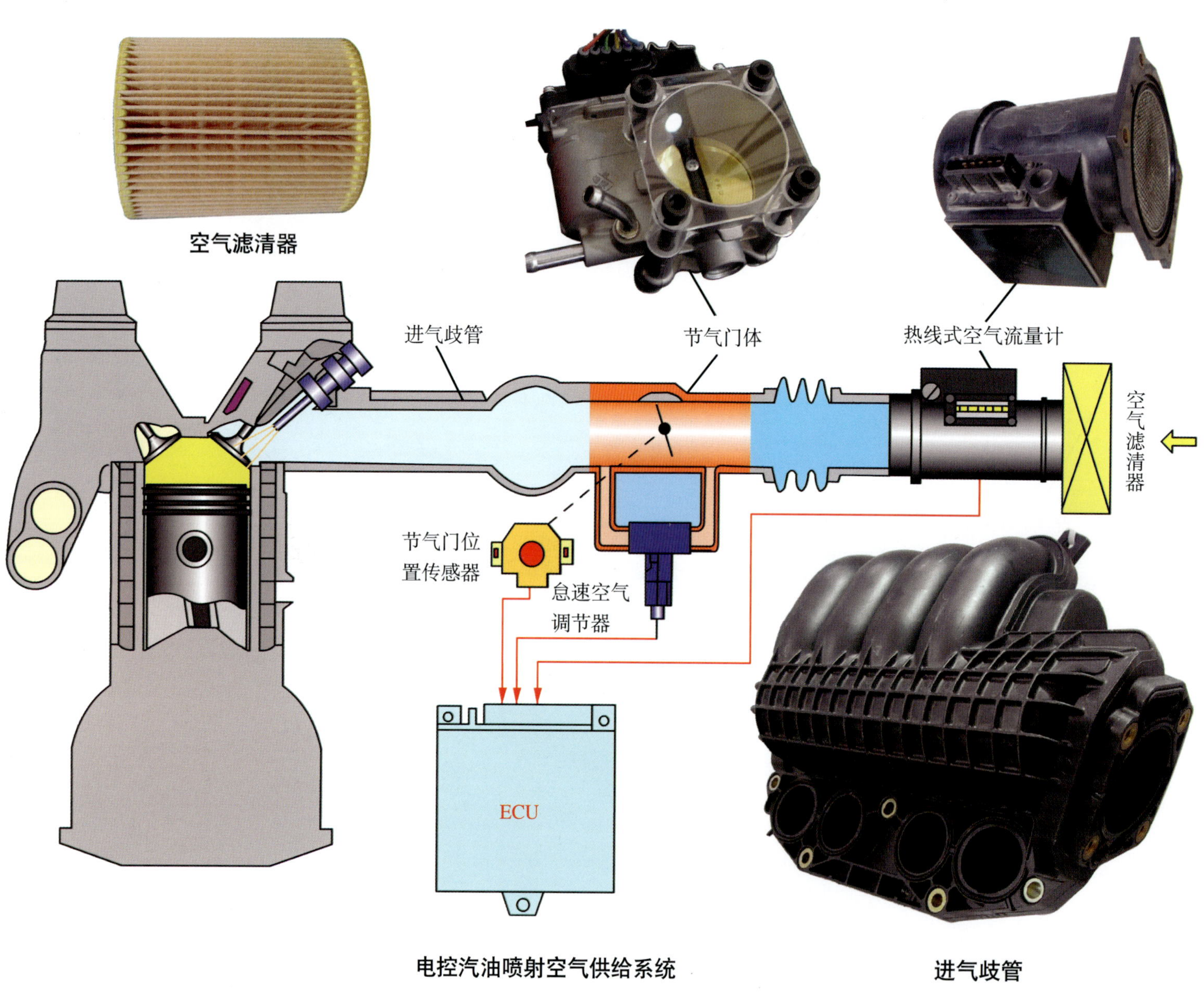

电控汽油喷射空气供给系统

进气歧管

图 39 电控汽油喷射控制系统

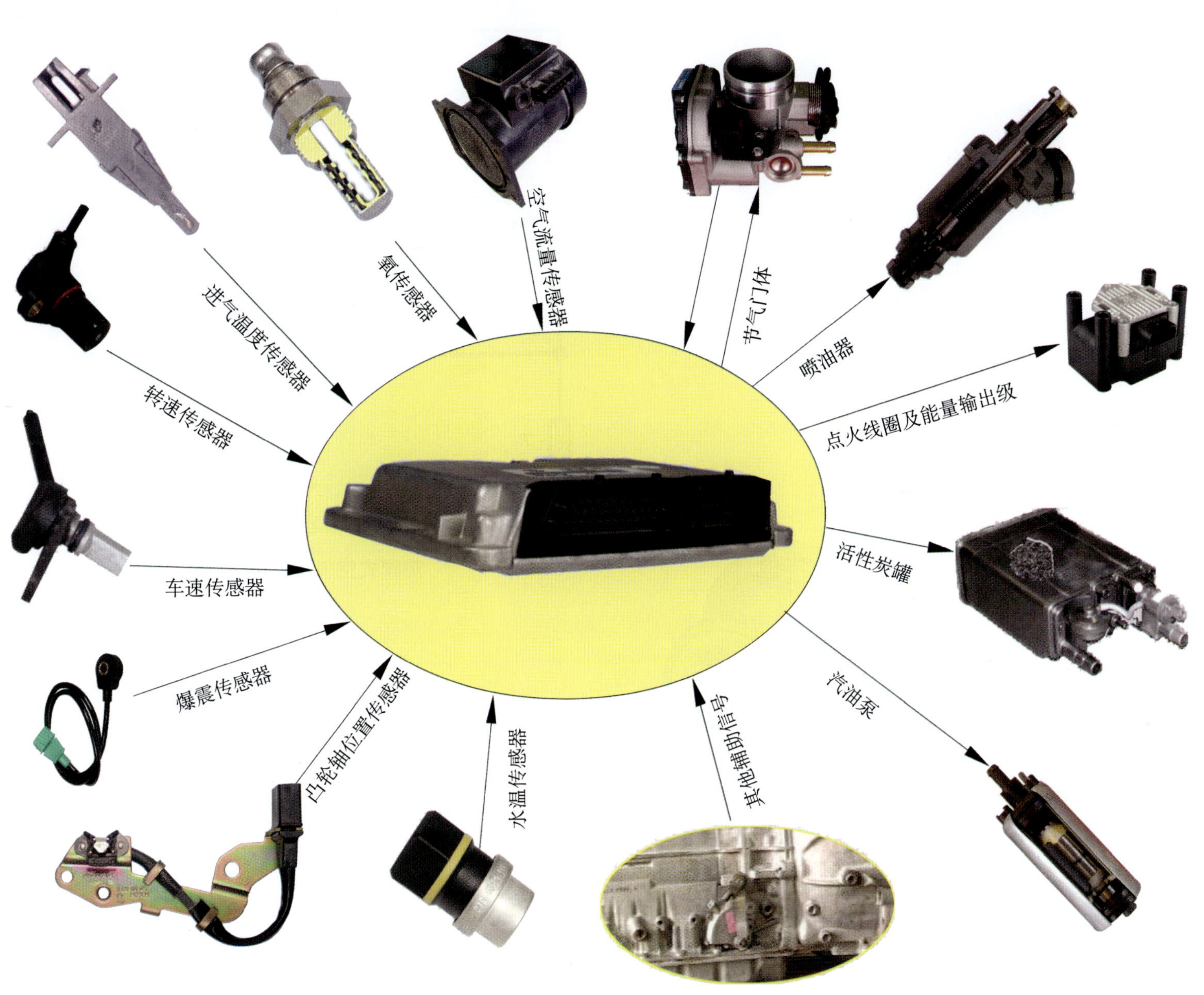

图 40 热膜式空气流量传感器

热膜式空气流量传感器实物

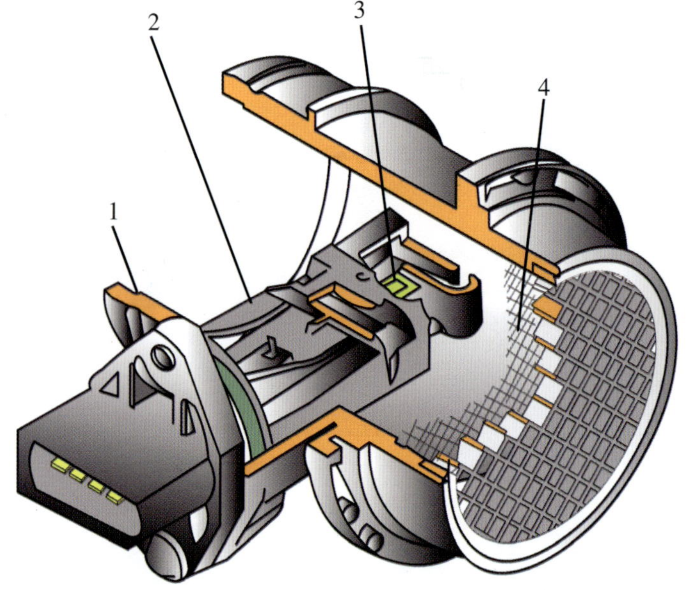

1- 壳体
2- 混合电路板
3- 金属热膜元件
4- 滤网

热膜式空气流量传感器结构图

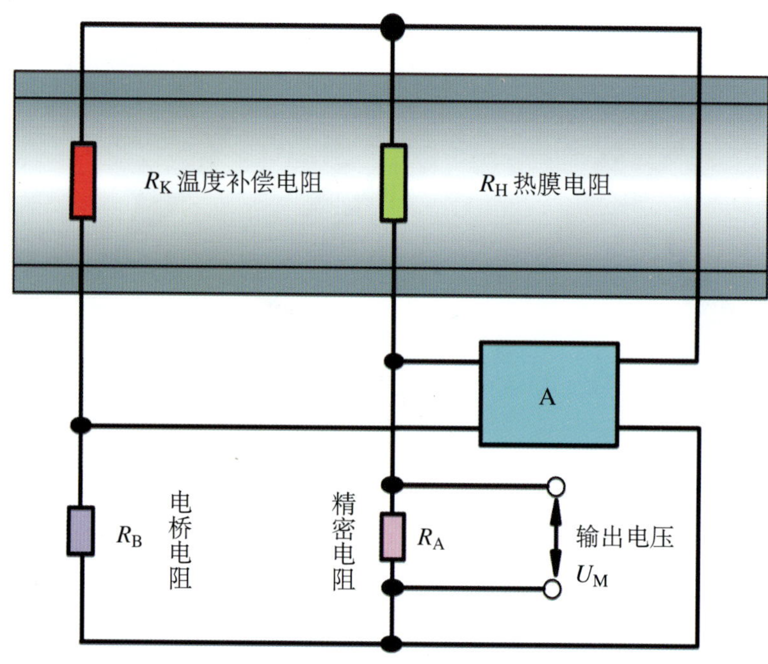

热膜式空气流量传感器原理图

热膜式空气流量传感器

热膜式空气流量传感器的作用是用来测量进入发动机的空气质量,并转换成0~5V 的电压信号输入控制单元,该信号是控制点火时间和确定喷油量的主要参数。

其工作原理是在空气通道中放置热膜电阻R_h和温度补偿电阻R_k,在控制电路板上黏结着一只精密电阻R_A,这是惠斯登电桥中的一个臂,该电阻上的电压就是热膜空气质量流量传感器的输出电压信号,惠斯登电桥中还有一个臂R_B,装在控制电路板上。工作时热膜发热,其热量不断地被空气带走,热膜被冷却,热膜周围通过的空气流量越大,被带走的热量也越多。热膜式空气质量流量传感器就是利用热膜与空气之间的这种热传递现象,进行空气质量流量测量。

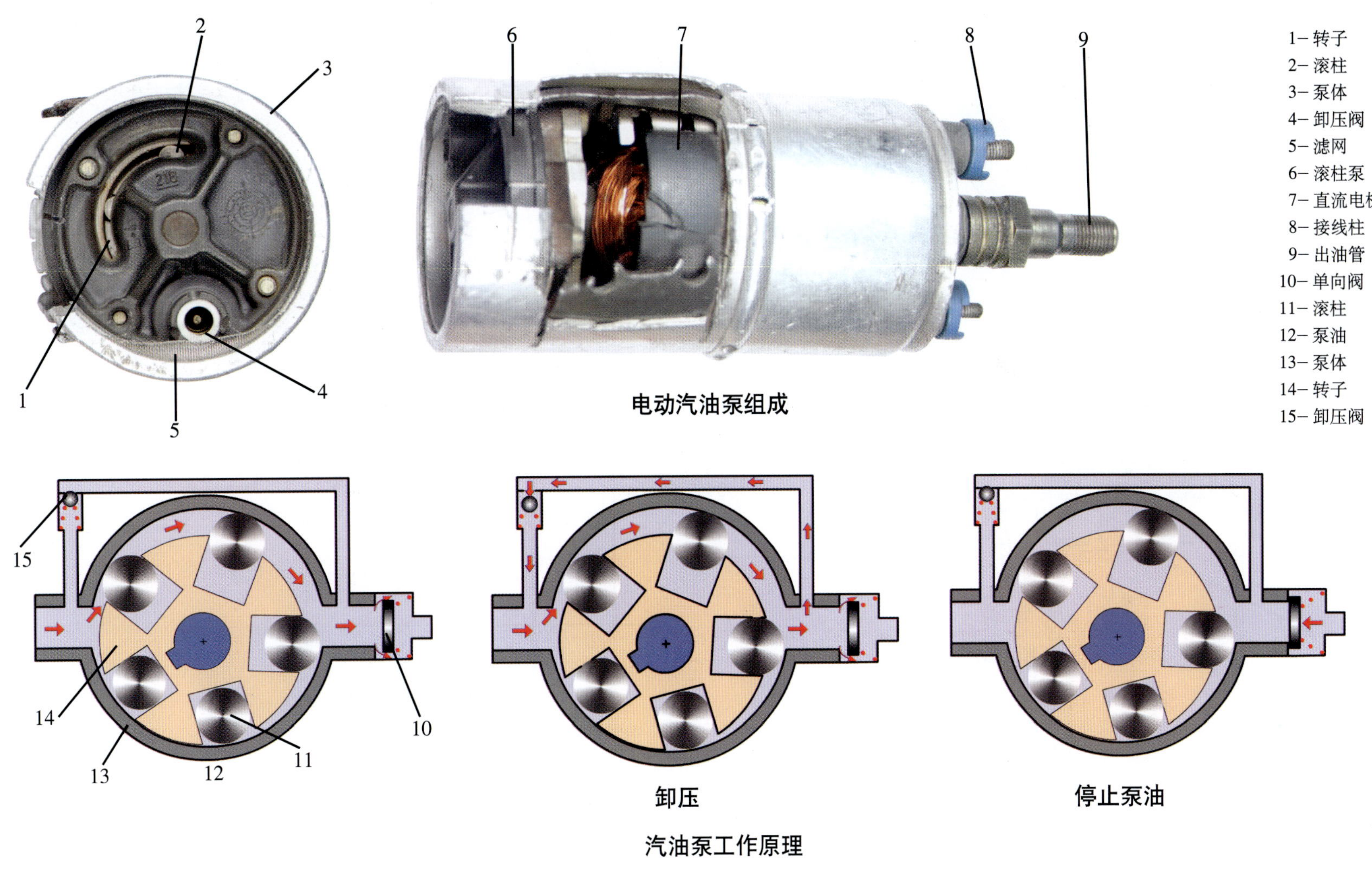

电动汽油泵组成

汽油泵工作原理

电动汽油泵安装在汽油箱内，通过位于油箱顶部的连接凸缘盘提供必要的电路和油路连接。

电动汽油泵主要由直流电机、滚子泵、泄压阀、出油单向阀和滤网等组成。

汽油泵工作原理：转子被偏心地安装在泵体内，并随电动机一同旋转。转子旋转时，位于凹槽内的滚柱在离心力的作用下，压靠在泵体的内表面上。利用转子、滚柱和泵体三者所包围部分的容积变化，使汽油在容积由小变大的一侧被吸入，容积由大变小的一侧被压出，燃油流过直流电机内腔，压开单向阀经过输油管输送到喷油器。

当油泵输出油压超过设定压时，卸压阀打开，燃油流回油箱。在电动汽油泵的出口处设有一个单向阀，用来防止因停车油压突然下降出现倒流现象，以保持油路中一定的静压，便于下一次起动发动机。

图 42　燃油分配管与油压调节器

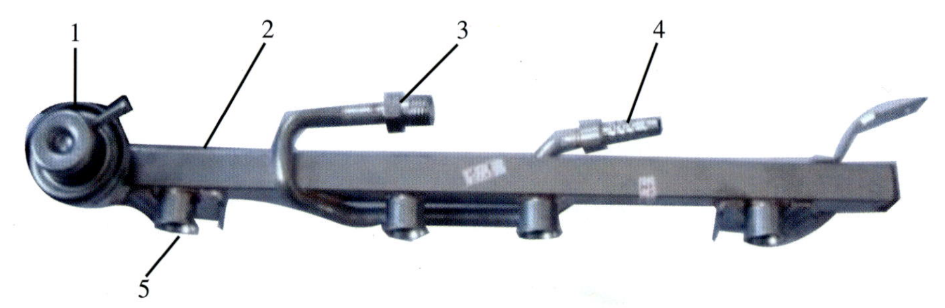

1－油压调节器
2－分配管
3－进油管接头
4－回油管接头
5－喷油器接头
6－弹簧
7－膜片
8－阀座
9－燃油压力
10－进气管压力

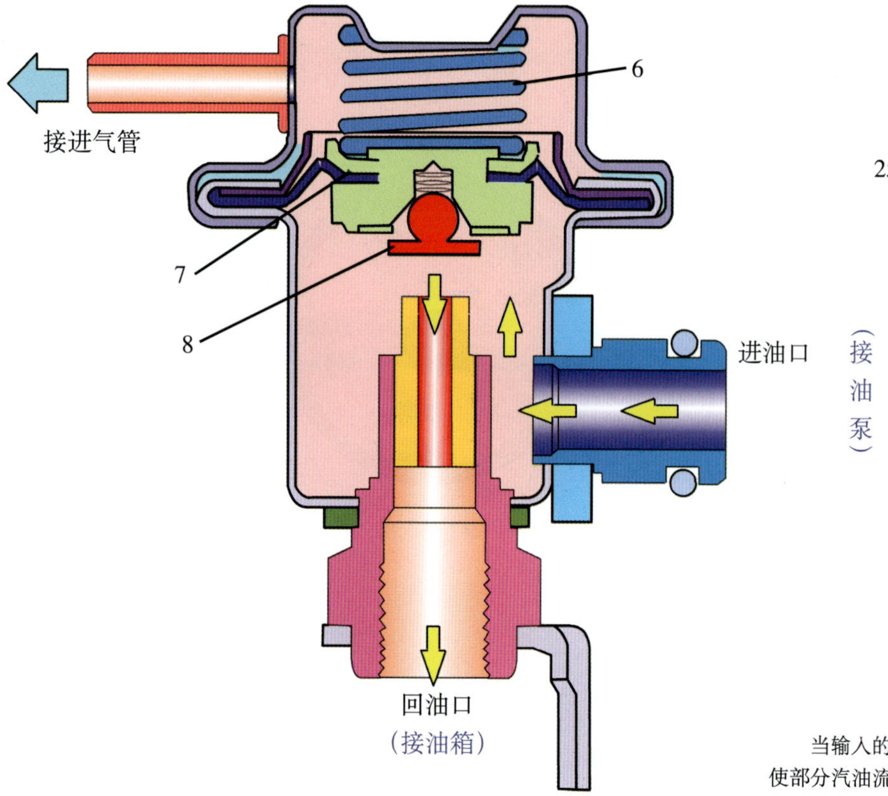

分配管与油压调节器

接进气管
6
7
8
进油口
（接油泵）
回油口
（接油箱）

油压调节器工作原理

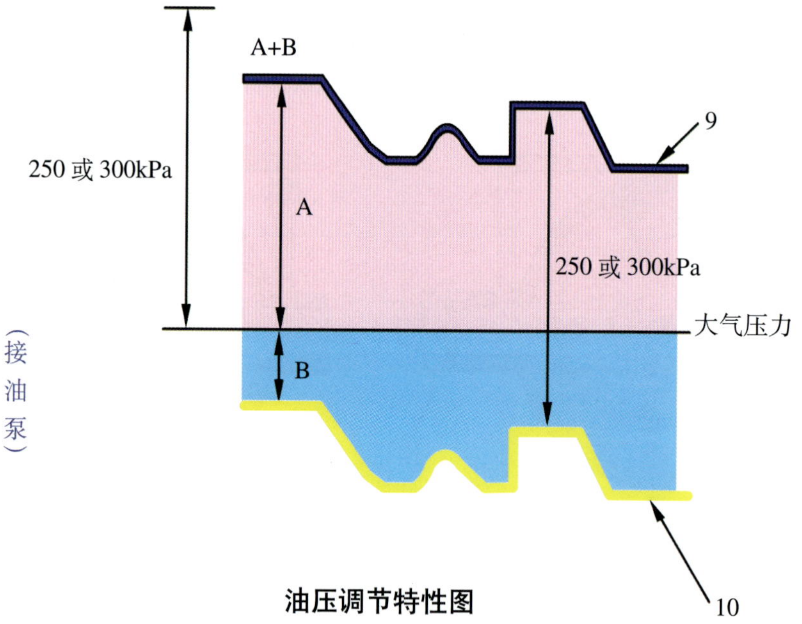

A+B
250 或 300kPa
A
250 或 300kPa
大气压力
B
9
10

油压调节特性图

油压调节器工作原理

当输入的汽油压力高于弹簧预紧力与进气歧管压力之和时，汽油克服弹簧压力，向上推动膜片，打开阀门，使部分汽油流回油箱，油路中油压降低；反之，当汽油压力低于弹簧预紧力与进气歧管压力之和时，阀门关闭，油压升高。

图 43 无回油管的油压调节器

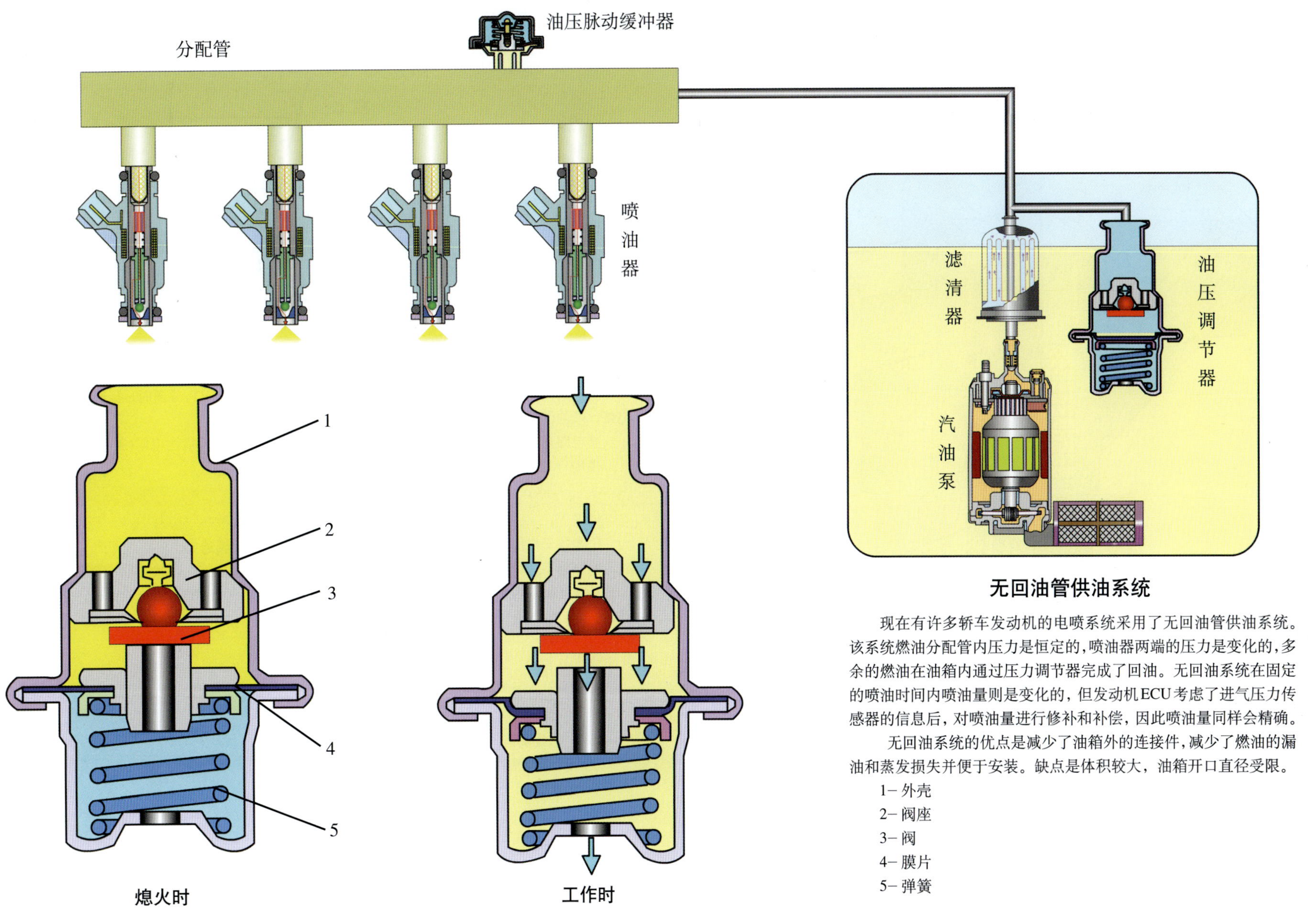

无回油管的油压调节器

无回油管供油系统

现在有许多轿车发动机的电喷系统采用了无回油管供油系统。该系统燃油分配管内压力是恒定的，喷油器两端的压力是变化的，多余的燃油在油箱内通过压力调节器完成了回油。无回油系统在固定的喷油时间内喷油量则是变化的，但发动机ECU考虑了进气压力传感器的信息后，对喷油量进行修补和补偿，因此喷油量同样会精确。

无回油系统的优点是减少了油箱外的连接件，减少了燃油的漏油和蒸发损失并便于安装。缺点是体积较大，油箱开口直径受限。

1- 外壳

2- 阀座

3- 阀

4- 膜片

5- 弹簧

图 44 喷油器

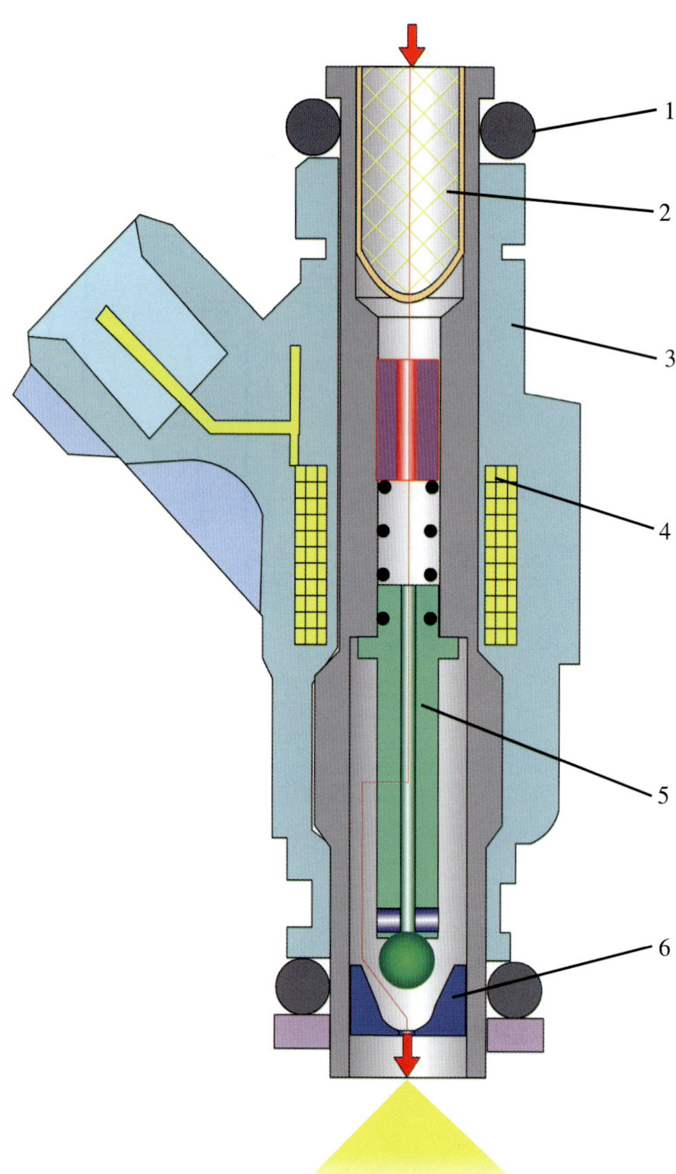

喷油器组成

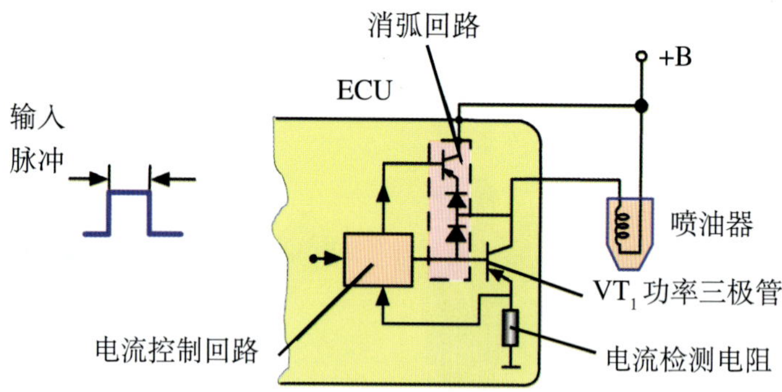

喷油器驱动电路

当控制回路根据电控单元输出的脉冲信号使大功率三极管 VT_1 导通时，接通喷油器电磁线圈电路，喷油器开始喷油。

其电路是：电源 +B →喷油器电磁线圈→三极管 VT_1 →电流检测电阻(或叫反馈电阻)接地→电源(—)。

喷油器工作原理

电控单元根据各传感器传来的信号，控制喷油器电磁线圈通电，电磁线圈产生电磁力，在电磁力的作用下，衔铁连同球阀被吸起，燃油通过滤网、针阀头部的环状间隙，喷至进气门前方。

针阀升程约为0.15mm，喷油器开启一次时间在2～10ms范围内，打开时间长，喷油量大，打开时间短，喷油量少。

1- 密封圈
2- 滤网
3- 阀体
4- 电磁线圈
5- 衔铁与球阀
6- 阀座

图 45　冷却液温度传感器与进气温度传感器

冷却液温度传感器

进气温度传感器

冷却液温度传感器工作原理

当冷却液温度升高时，传感器阻值减小，热敏电阻上的分压值降低；反之，当冷却液的温度降低时，传感器阻值增大，热敏电阻上的分压值升高。ECU 根据接收到的信号电压值，便可计算求得对应的喷油量和点火提前角，从而进行实时控制。

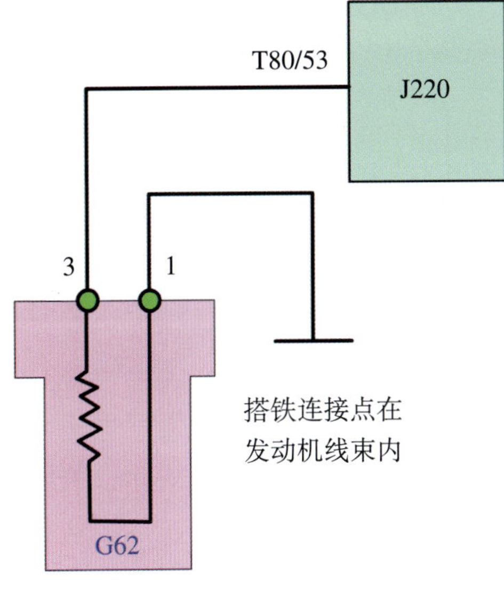

冷却液温度传感器电路

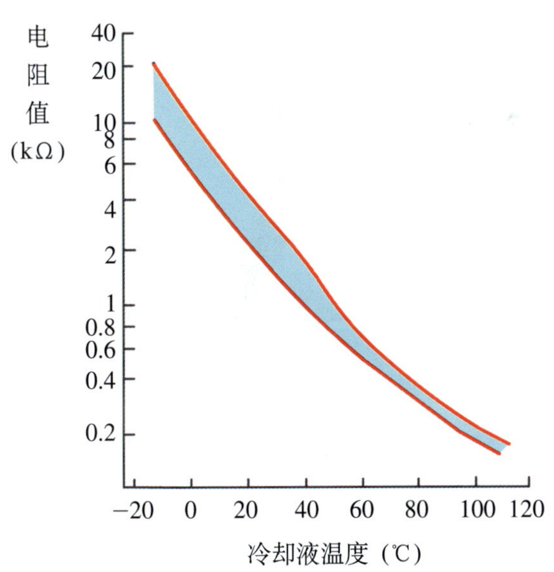

冷却液温度传感器特性曲线

图 46 节气门体

节气门体实物

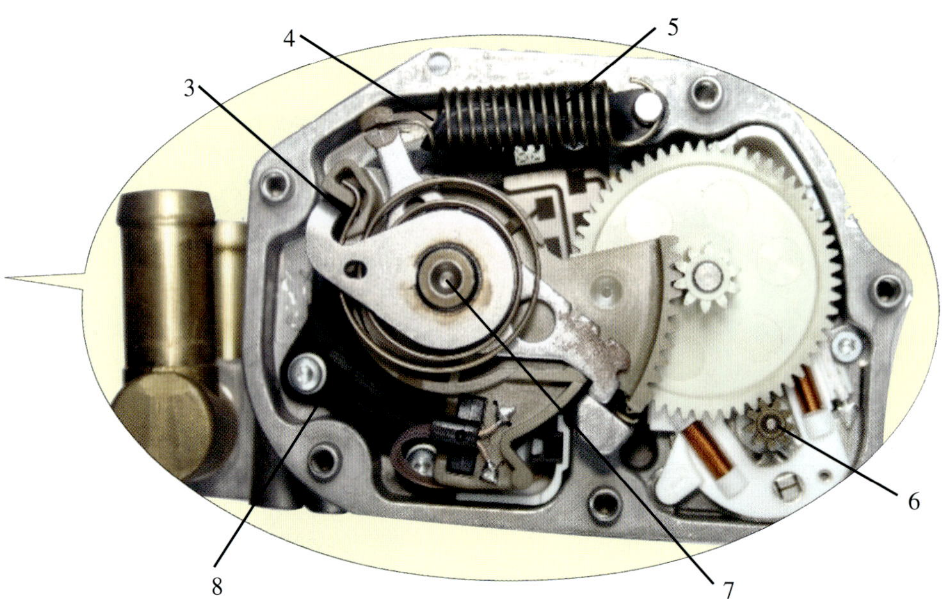

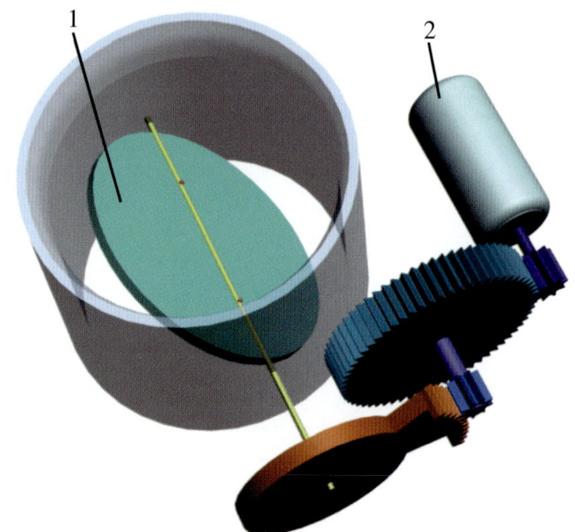

节气门传动示意图

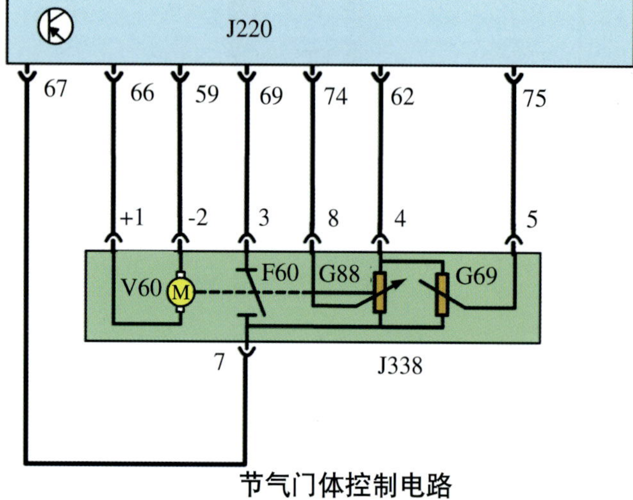

节气门体控制电路

1- 节气门
2- 怠速电动机
3- 怠速开关
4- 怠速节气门位置传感器
5- 应急弹簧
6- 怠速电动机
7- 节气门轴
8- 节气门位置传感器
V60- 怠速电机；
F60- 怠速开关；
G88- 怠速节气门位置传感器；
G69- 节气门位置传感器；
J338- 节气门控制组件；
J220- 发动机电喷 ECU

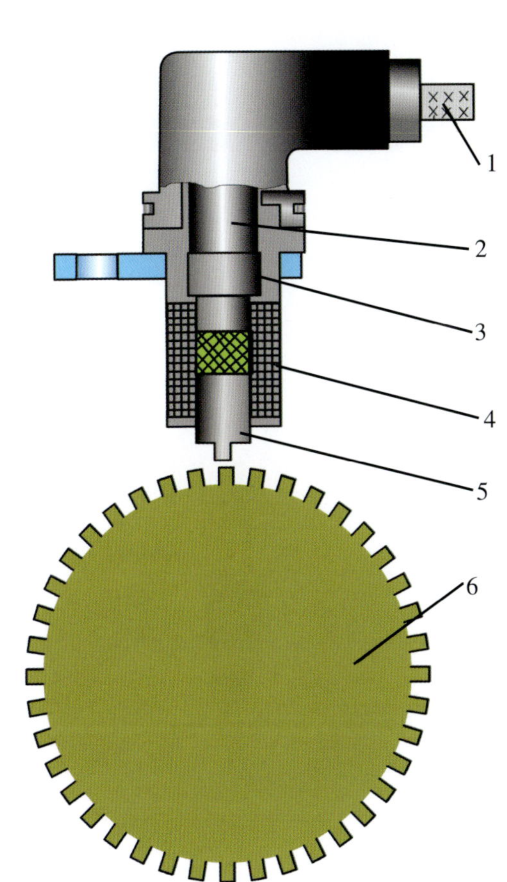

磁电式转速传感器组成

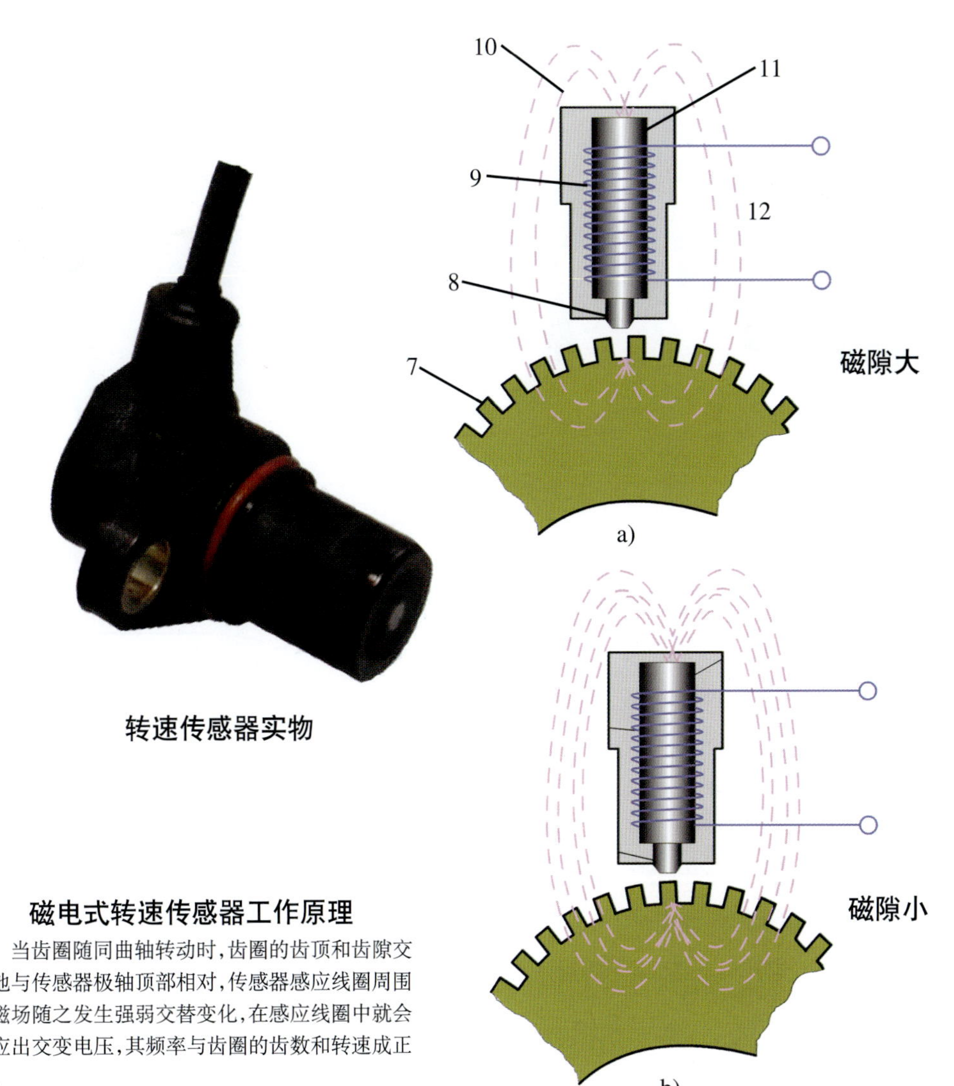

转速传感器实物

磁电式转速传感器工作原理

1－电缆
2－永磁体
3－外壳
4－感应线圈
5－极轴
6－齿圈
7－齿圈
8－极轴
9－感应线圈
10－磁力线
11－永磁体
12－感应线圈引线

磁电式转速传感器工作原理

当齿圈随同曲轴转动时，齿圈的齿顶和齿隙交替地与传感器极轴顶部相对，传感器感应线圈周围的磁场随之发生强弱交替变化，在感应线圈中就会感应出交变电压，其频率与齿圈的齿数和转速成正比。

图 48 点火系组成

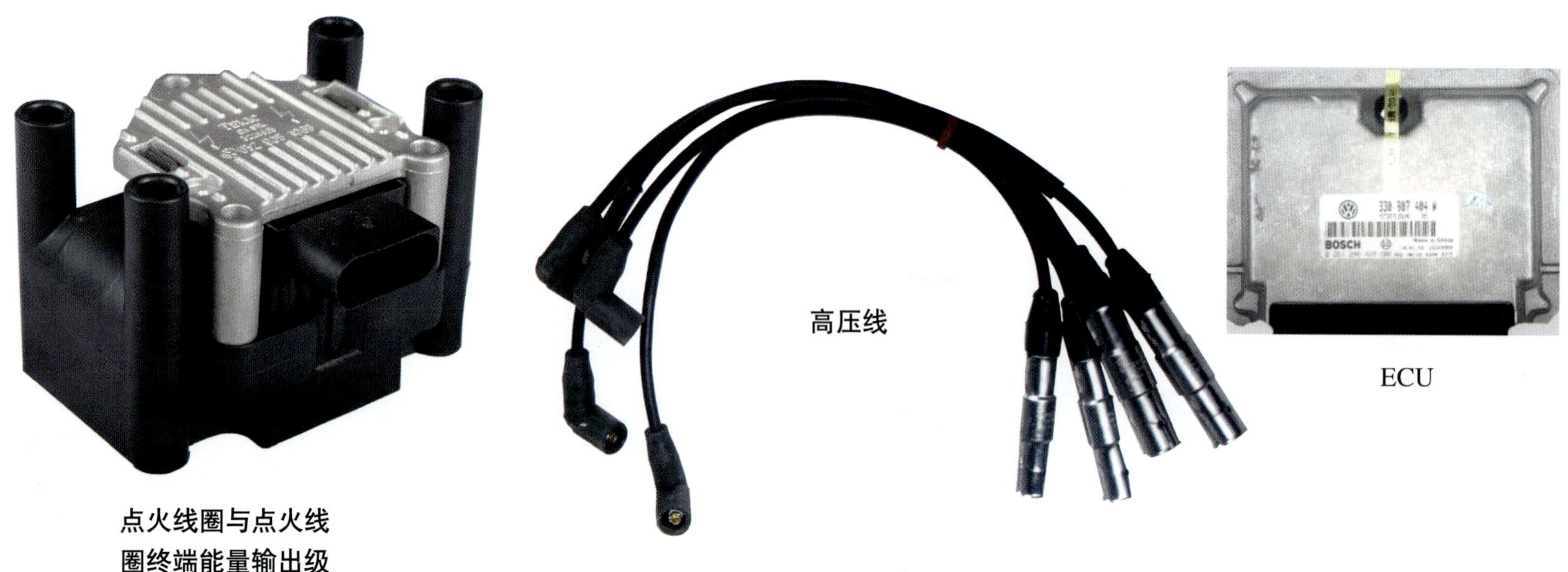

点火线圈与点火线圈终端能量输出级

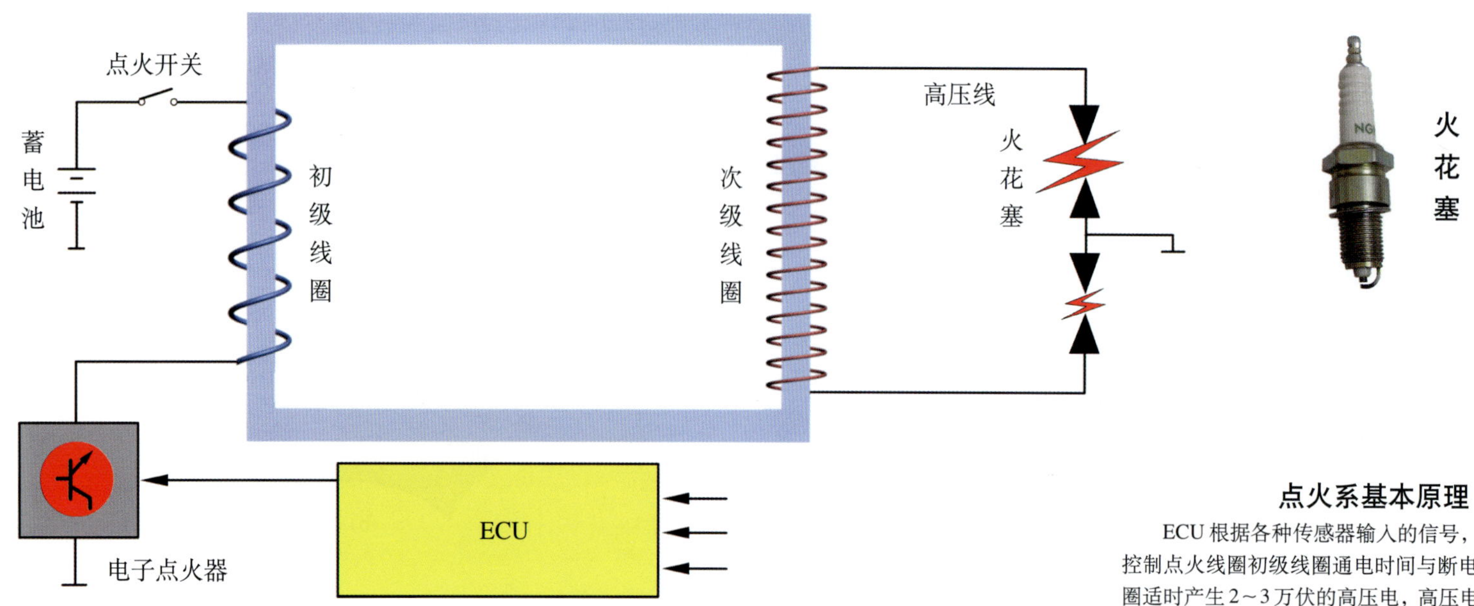

点火系基本原理

点火系基本原理

ECU 根据各种传感器输入的信号，通过电子点火器控制点火线圈初级线圈通电时间与断电时刻，使点火线圈适时产生 2～3 万伏的高压电，高压电通过高压线输送到火花塞，火花塞跳火，点燃缸内的混合气。

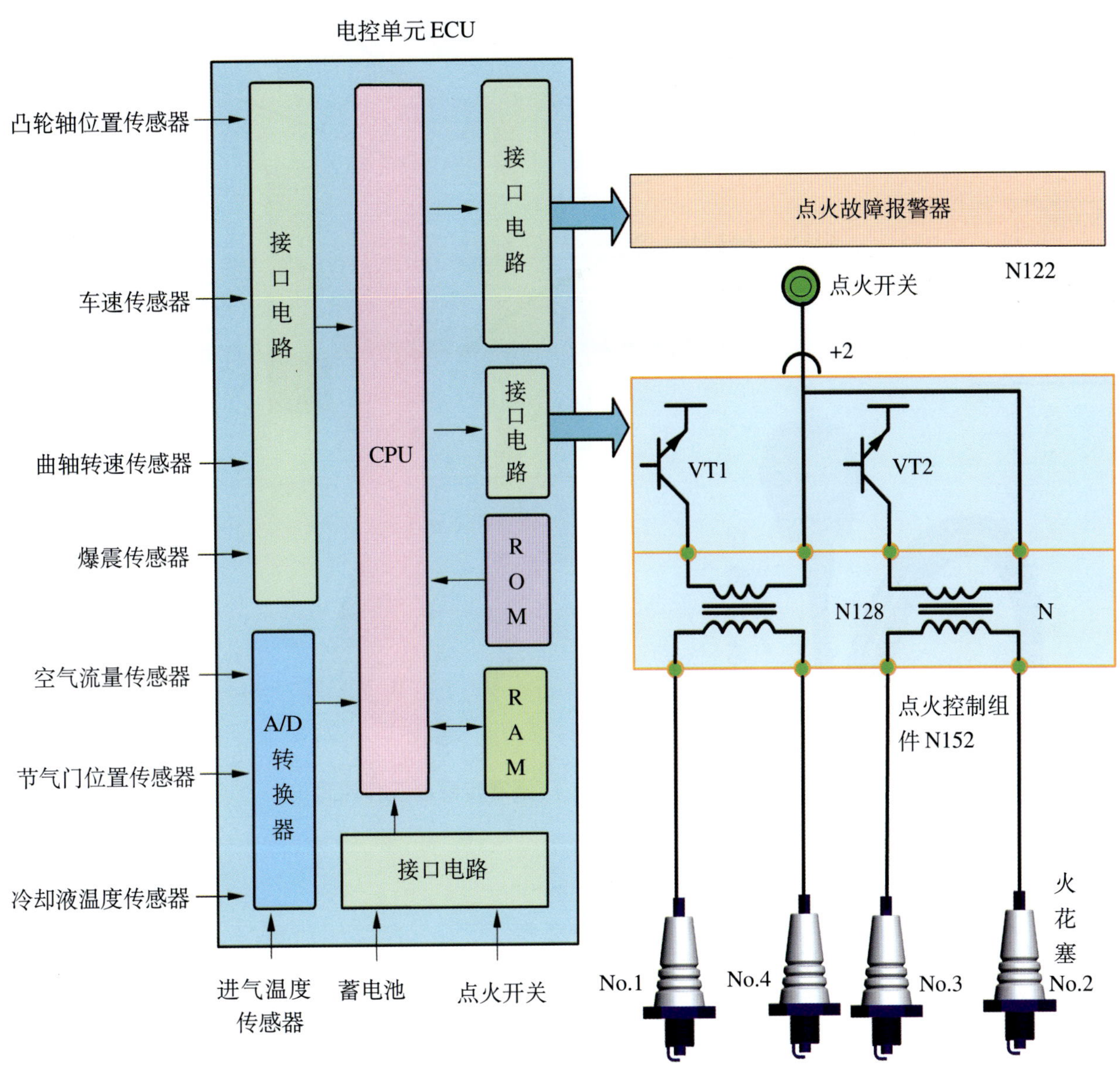

点火系工作原理

点火系统工作原理

发动机的点火由电子控制单元实施集中控制，在点火时两缸同时串联点火，点火顺序为1—3—4—2。一个汽缸在排气行程末端点火，另一个汽缸在压缩行程末端点火。在排气行程的汽缸内压力较低，火花塞击穿电压也较低，点火能量消耗很少，对处于压缩行程的另一个汽缸影响不大。这种无分电器点火系统的特点是无旋转件，无机械磨损，高压导线数少，对无线电干扰小。

点火线圈和电子点火器装在一个壳体中，固定在汽缸体上，在点火线圈的壳体上有各缸排列标记A、B、C、D，分别对应的缸号为1、2、3、4。1、4缸共用一个点火线圈，2、3缸共用一个点火线圈。

图 50 爆震传感器

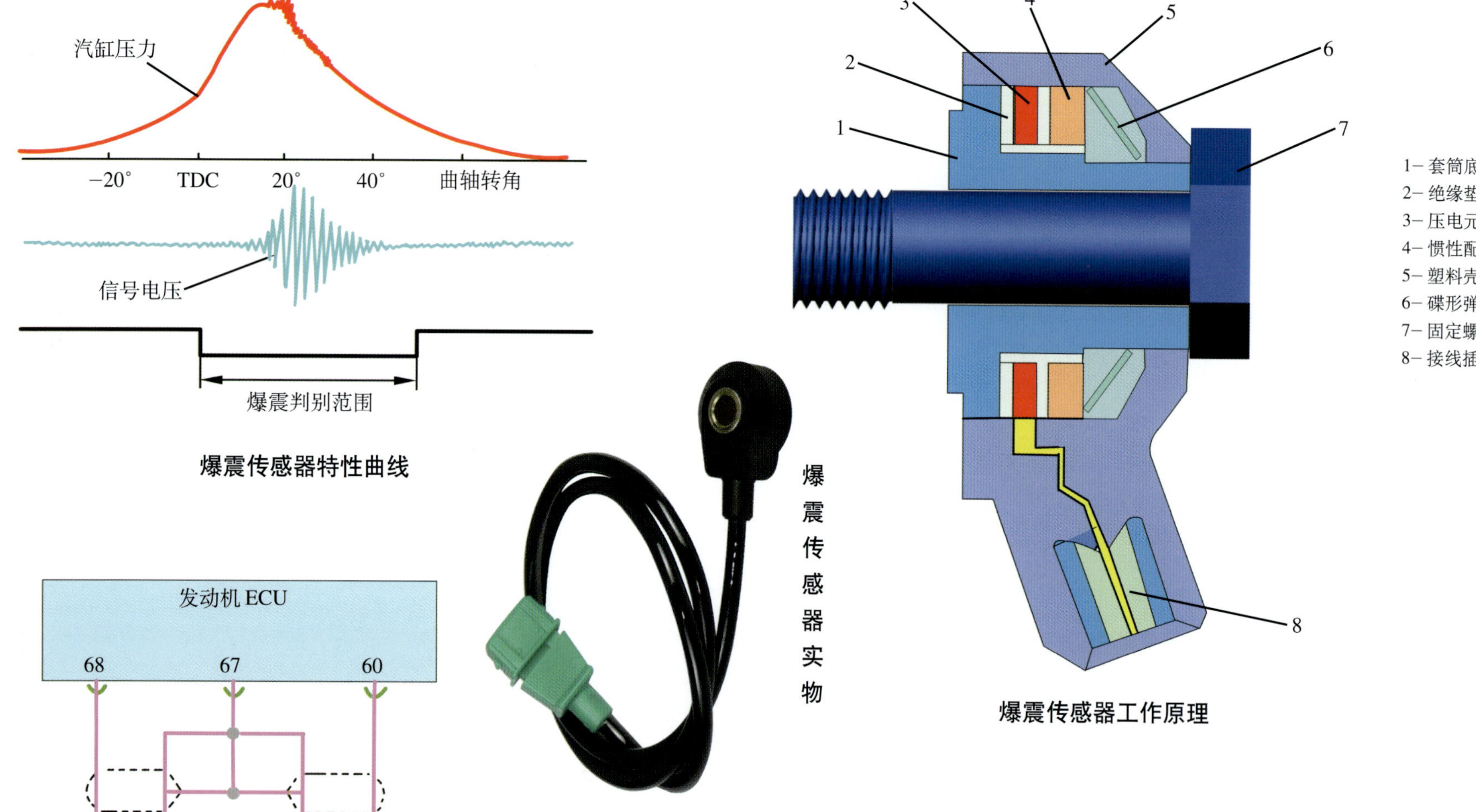

爆震传感器特性曲线

爆震传感器工作原理

爆震传感器电路图

爆震传感器工作原理

压电元件制成垫圈形状，在其两个侧面上制有金属垫圈为电极，并用导线引到接线插座上。惯性配重与压电元件以及压电元件与传感器套筒之间安放有绝缘垫圈，套筒中心制作有螺孔，传感器用螺栓固定在发动机缸体上。

当发动机产生振动时，传感器套筒底座及惯性配重随之产生振动，套筒底座和配重的振动作用在压电元件上，压电元件信号输出端输出与振动频率和振动强度有关的交变电压信号。发动机振动强度越大，信号电压幅值越大。

图 51 霍尔传感器

霍尔凸轮轴位置传感器组成

磁场不通过
霍尔元件

霍尔凸轮轴位置传感器工作原理

叶片随凸轮轴正时带轮一起转动，当叶片转到霍尔元件与磁铁之间时，通向霍尔元件的磁场被短路，霍尔传感器不向外输出霍尔电压；当叶片转到离开霍尔元件时，霍尔传感器上有磁场通过，霍尔传感器输出霍尔电压。

凸轮轴每转一转产生一个信号，该信号山现在1缸压缩行程上止点前72°。控制单元根据此信号可以识别1缸压缩行程上止点位置，用于顺序喷射和爆震选择控制。

磁场通过
霍尔元件

霍尔凸轮轴位置传感器工作原理示意图

1-叶片
2-凸轮轴正时带轮
3-霍尔传感器
4-霍尔元件
5-叶片
6-磁铁
7-霍尔元件
8-凸轮轴

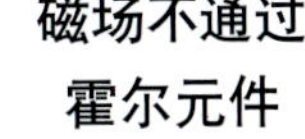

霍尔电压

霍 尔 电 压

当电流I通过放在磁场中的半导体基片(即霍尔元件)且电流方向与磁场的方向垂直时，在垂直于电路与磁通的半导体基片的横向侧面上将产生一个与电流和磁通密度成正比的电压，即霍尔电压U_H。当通电电流为定值时，霍尔电压U_H的大小随磁通密度变化而变化，与磁通的变化率无关。

图 52 氧传感器

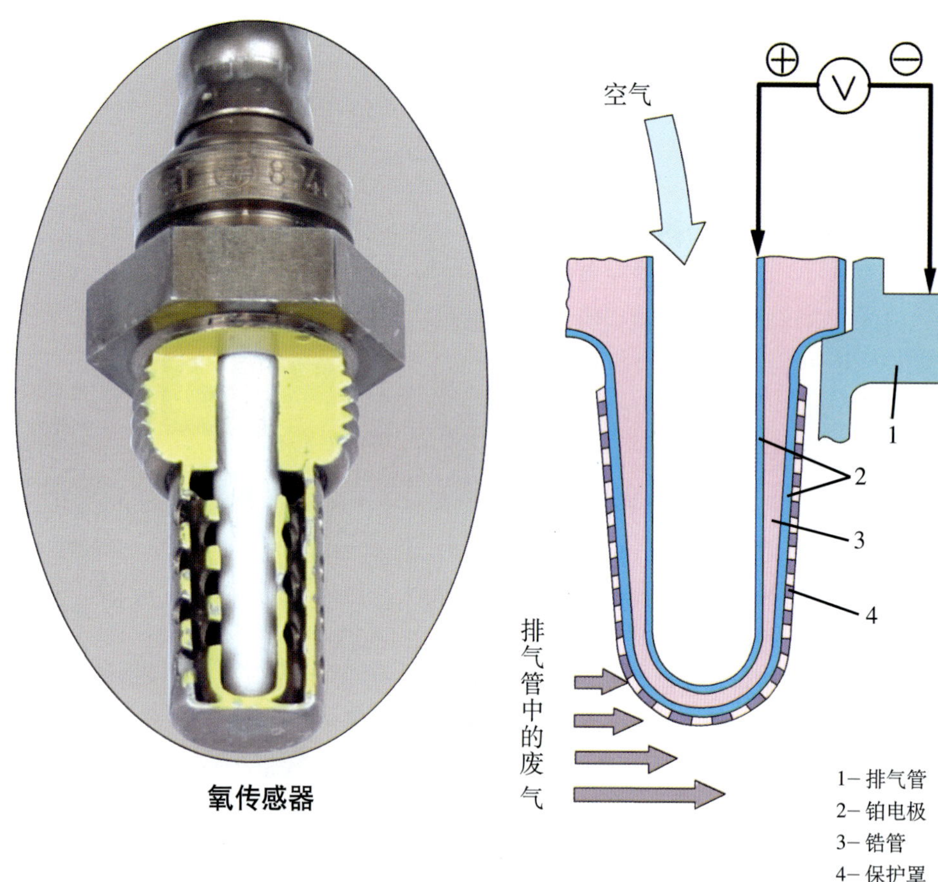

氧传感器

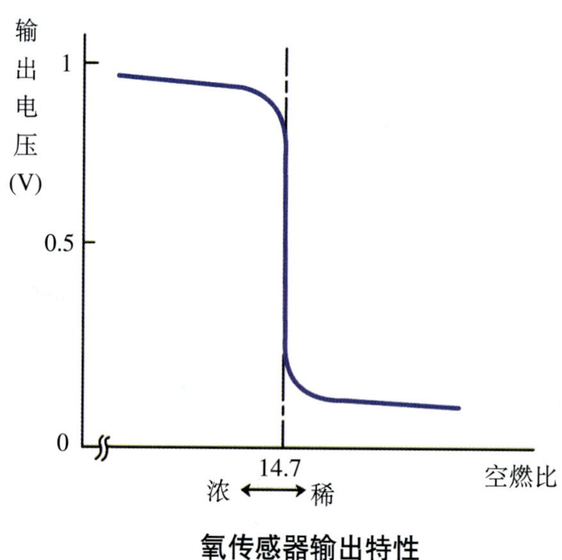

氧传感器输出特性

氧传感器工作原理

氧传感器的作用：通过监测排气中氧离子的含量来获得混合气的空燃比信号，并将该信号转变为电信号输入ECU。ECU根据氧传感器信号，对喷油时间进行修正，实现空燃比反馈控制(闭环控制)，将空燃比控制在14.7附近，从而达到降低有害气体排放量和节约燃油之目的。

氧传感器的工作原理：锆管外表面与废气接触，锆管内表面与大气相通，当供给发动机的可燃混合气较浓时，锆管外表面氧离子含量少，锆管内表面的氧离子浓度大，因此锆管内、外表面之间的氧离子浓度差较大，两个铂电极之间的电位差约0.9V；当供给发动机的可燃混合气较稀时，锆管内、外表面之间氧离子的浓度差较小，两个铂电极之间的电位差约0.1V。

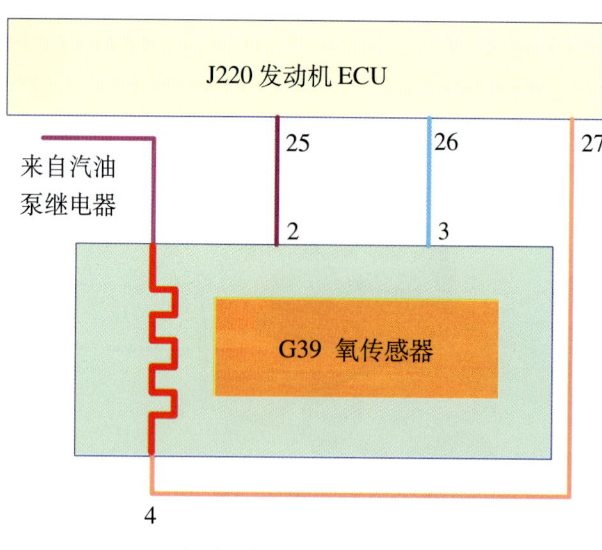

氧传感器电路

图 53　发动机进气增压中冷基本原理

发动机进气增压中冷

发动机进气增压中冷就是将空气预先压缩、再经冷却、然后供入汽缸，以提高进气密度、增加充气量的一项技术。对给定排量的发动机进行增压或增压中冷，以增加充气量利充气密度，相应地增加循环供油量，从而大幅度地增加发动机的升功率，改善燃油经济性，有效地控制排放(NOx 等)。实践证明，采用增压中冷后，当汽车以正常的经济车速行驶时，可以提高汽车的动力性和燃油经济性，有效地降低有害排放物的单位功率小时的排放量。

发动机进气增压按增压方式不同可分为机械增压、废气涡轮增压以及机械与废气涡轮复合增压。

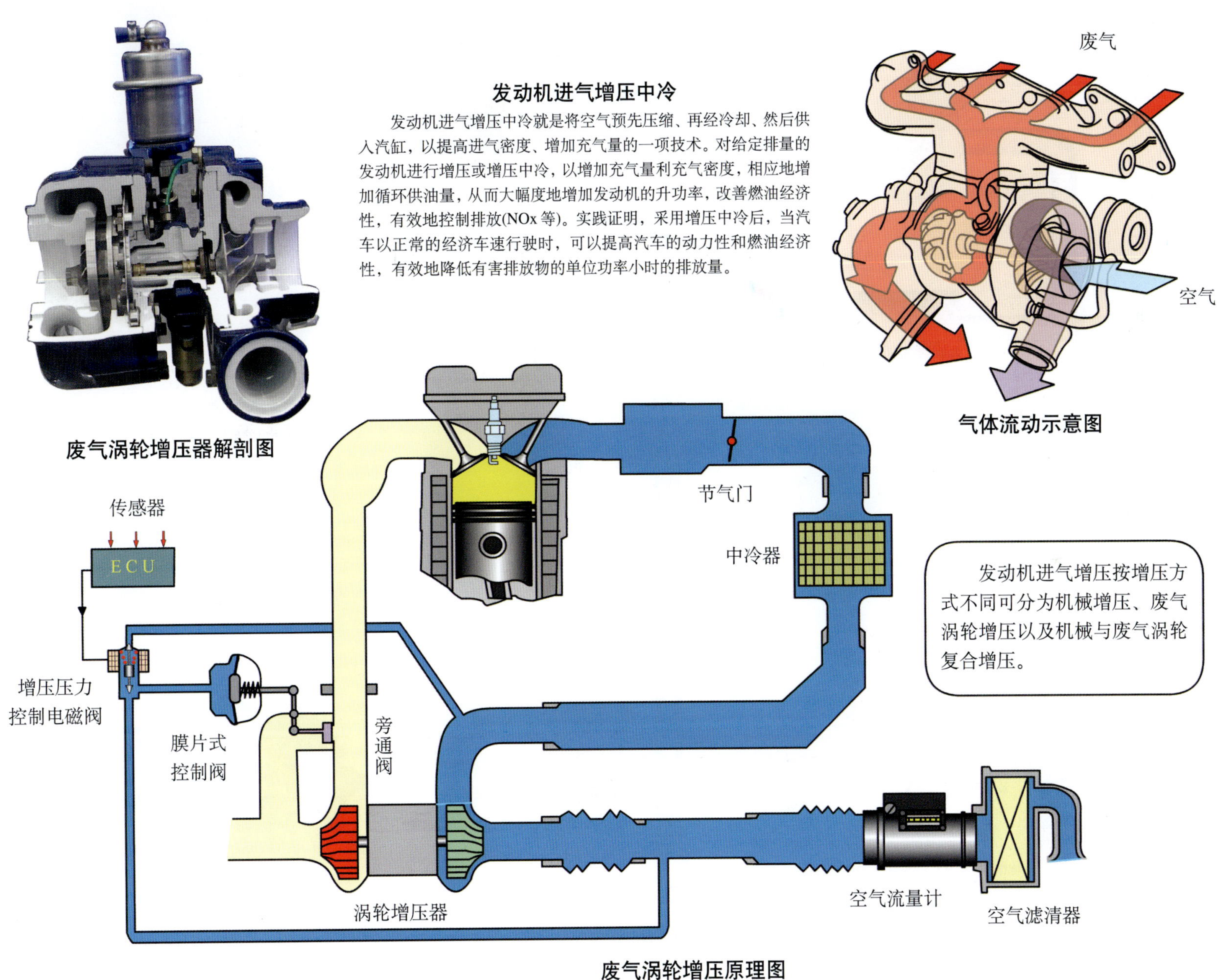

废气涡轮增压器解剖图

气体流动示意图

废气涡轮增压原理图

图 54　复合进气增压（低速时）

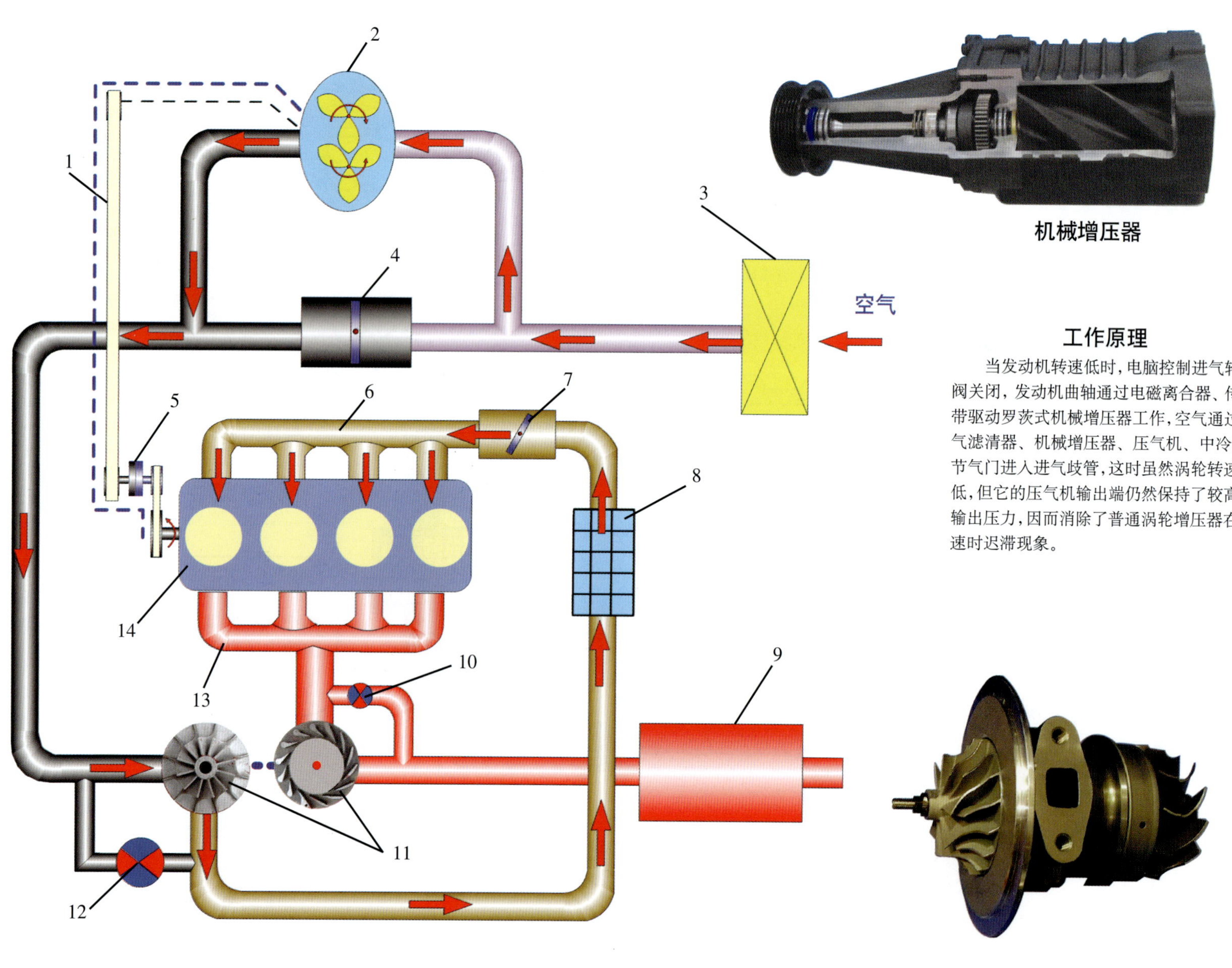

机械增压器

工作原理

当发动机转速低时，电脑控制进气转换阀关闭，发动机曲轴通过电磁离合器、传动带驱动罗茨式机械增压器工作，空气通过空气滤清器、机械增压器、压气机、中冷器、节气门进入进气歧管，这时虽然涡轮转速较低，但它的压气机输出端仍然保持了较高的输出压力，因而消除了普通涡轮增压器在低速时迟滞现象。

1– 传动带
2– 机械增压器
3– 空气滤清器
4– 进气转换阀
5– 电磁离合器
6– 进气歧管
7– 节气门
8– 中冷器
9– 排气消声器
10– 旁通阀
11– 废气涡轮增压器
12– 超速循环空气阀
13– 排气歧管
14– 发动机

复合进气增压(低速时)

废气涡轮增压器

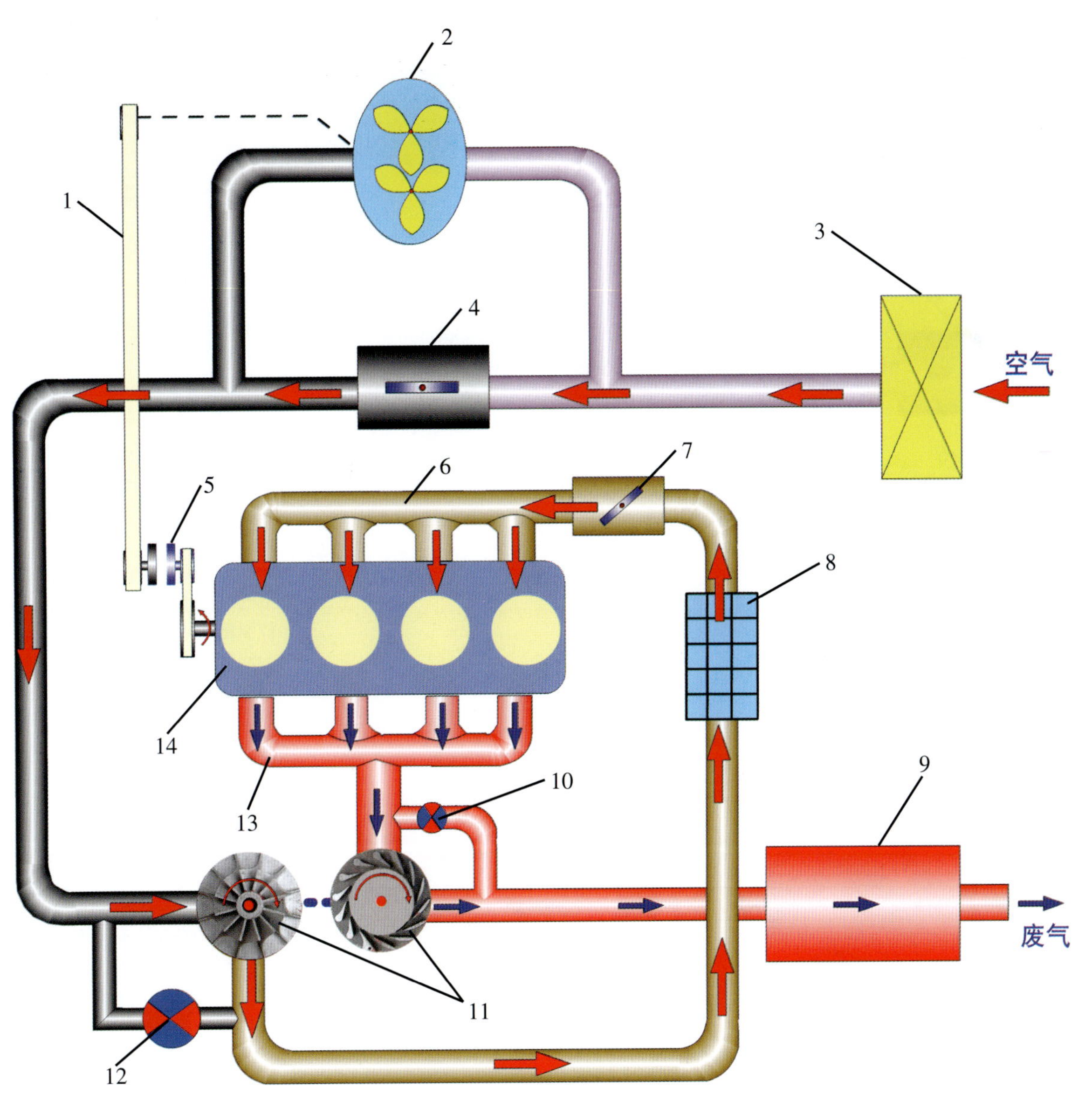

复合进气增压(高速时)

工作原理

当发动机处于中等转速时，因废气能量增大，涡轮增压器的增压能力增强，为避免机械增压器负荷过大，进气转换阀部分开启，机械增压器的高压气体经阀体流回到机械增压器的低压端，因而降低了输往涡轮增压器的输入压力。当发动机转速继续升高，废气能量增大，涡轮增压器的增压比增大，达到系统需要的增压力时，已经不需要机械增压器输入增压，此时电脑控制进气转换阀完全打开，驱动机械增压器的电磁离合器分离，机械增压器停止工作，涡轮增压器单独工作供气。

1– 传动带
2– 机械增压器
3– 空气滤清器
4– 进气转换阀
5– 电磁离合器
6– 进气歧管
7– 节气门
8– 中冷器
9– 排气消声器
10– 旁通阀
11– 废气涡轮增压器
12– 超速循环空气阀
13– 排气歧管
14– 发动机

图 56 复合进气增压（超过额定转速时）

1－传动带
2－机械增压器
3－空气滤清器
4－进气转换阀
5－电磁离合器
6－进气歧管
7－节气门
8－中冷器
9－排气消声器
10－旁通阀
11－废气涡轮增压器
12－超速循环空气阀
13－排气歧管
14－发动机

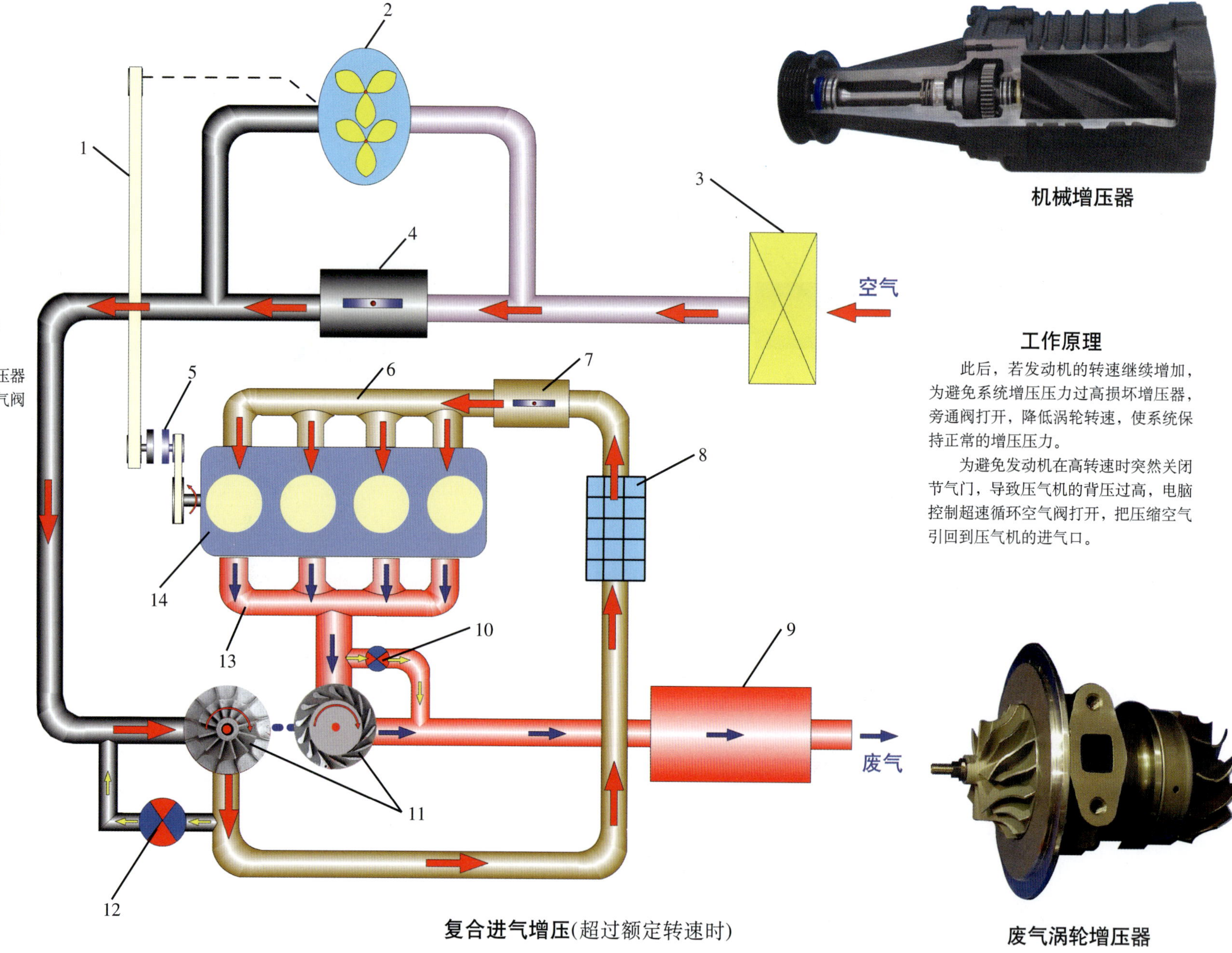

复合进气增压(超过额定转速时)

工作原理

此后，若发动机的转速继续增加，为避免系统增压压力过高损坏增压器，旁通阀打开，降低涡轮转速，使系统保持正常的增压压力。

为避免发动机在高转速时突然关闭节气门，导致压气机的背压过高，电脑控制超速循环空气阀打开，把压缩空气引回到压气机的进气口。

图 57 智能电子节气门控制系统（ETCS-i）

智能电子节气门控制系统 简称 ETCS-i(Electronic Throttle Control System-intelligent)

节气门的开度不再由加速踏板通过拉索直接控制，而是驾驶员通过加速踏板位置传感器把需要的节气门开度指令，以电压信号的形式输送到电控单元，电子控制单元通过步进电机控制节气门的开度。

电子节气门

采用智能电子节气门控制特点

采用智能电子节气门控制系统，可将节气门功能以及怠速控制、驱动防滑控制、巡航控制等功能合为一体，取消了怠速旁通气道和各式怠速阀(IAC)、防滑转ARS系统的副节气门；巡航控制系统的“巡航真空拉力器”或“巡航控制电机”，简化了系统，提高综合控制能力。

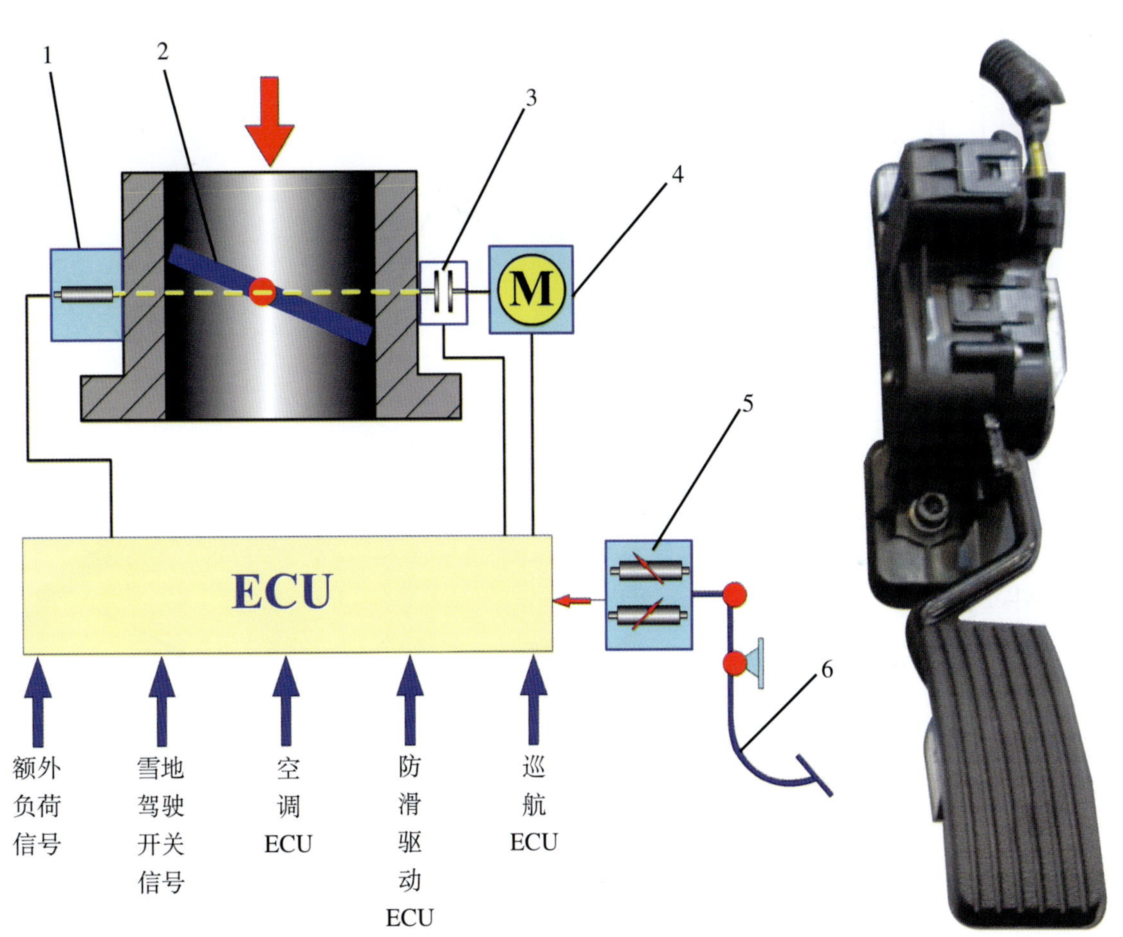

电子加速踏板

智能电子节气门控制系统简图

1－节气门位置传感器　4－步进电机
2－节气门　5－加速踏板传感器
3－离合器　6－加速踏板

图 58 电子加速踏板

电子加速踏板位置传感器

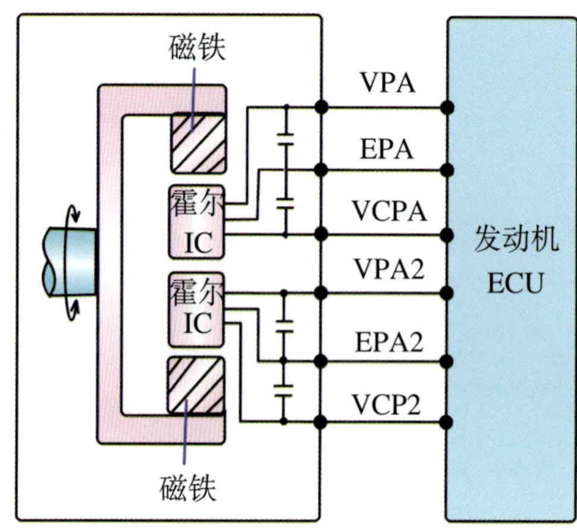

电子加速踏板电路图

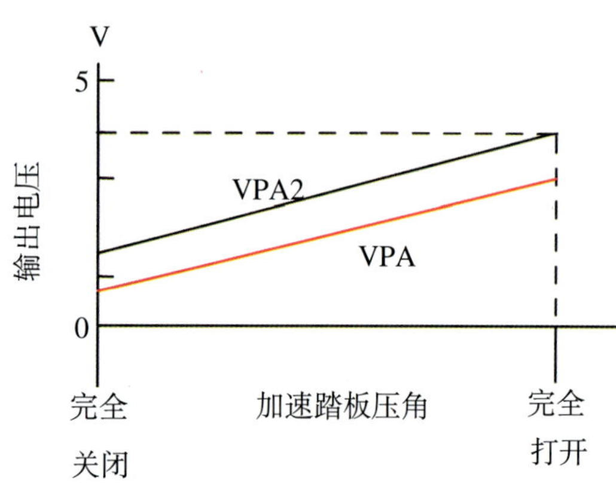

输出特性图

电子加速踏板的作用

电子加速踏板位置传感器与踏板合为一体，把驾驶员踩加速踏板的行程和速率以电压信号的形式送给电脑 ECU。

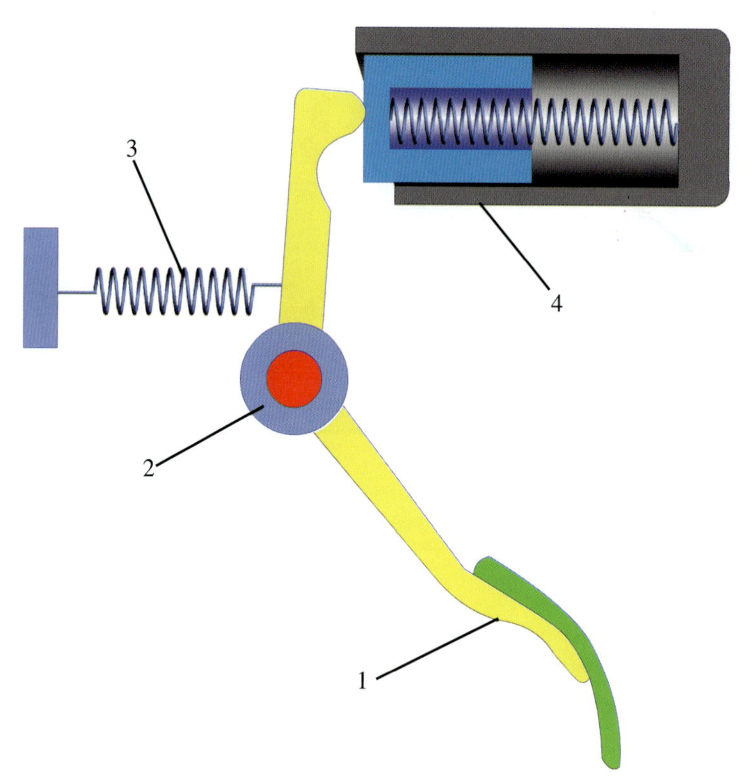

电子加速踏板工作原理示意图

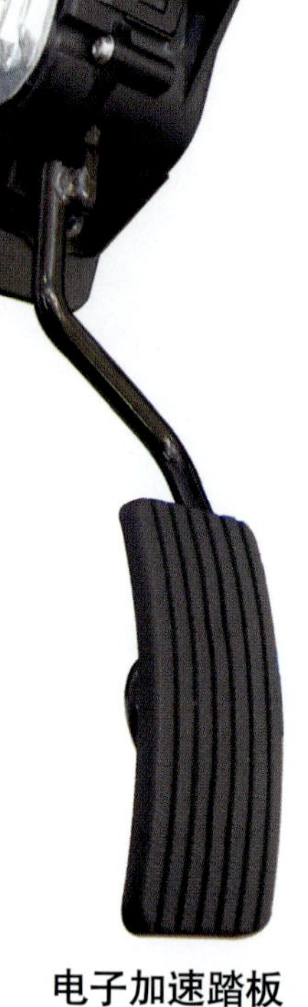

1- 加速踏板
2- 加速踏板位置传感器
3- 加速踏板回位弹簧
4- 加速踏板阻尼器

电子加速踏板

电子加速踏板位置传感器

加速踏板位置传感器是一个无触点的双电位器传感器，由电控单元提供 5V 电压，传感器向电控单元发出 2 路反映加速踏板位置的电压信号，电控单元根据此信号控制电子节气门总成工作。

图 59 可变配气正时工作原理

为了提高发动机的动力性、经济性和良好的排放性能，发动机在不同的转速时需要不同的配气相位，低速时需要气门提前角、滞后角小，高速时需要气门提前角、滞后角大。

高速时

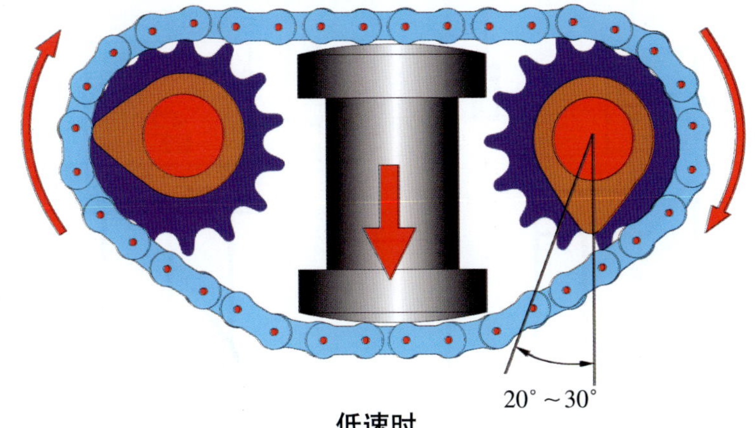

低速时

1– 链条
2– 排气凸轮轴
3– 排气凸轮轴链轮
4– 进气凸轮轴链轮
5– 进气凸轮轴
6– 可变配气正时调节器
7– 排气凸轮轴
8– 链条
9– 可变配气正时调节器
10– 电磁阀
11– 排气凸轮轴

可变配气正时实物

可变配气正时工作原理

当转速提高时，调节器上升，下部链条被放松。排气凸轮轴顺时针旋转，首先要拉紧下部链条成为紧边，进气凸轮轴才能被排气凸轮轴带动旋转。就在下部链条由松变紧的过程中，排气凸轮轴已转过θ角，进气凸轮才开始动作，进气门关闭变慢了，即进气门滞后角增大θ度，满足了高速进气门关闭较迟可提高最大功率的要求。

当发动机转速下降时，可变气门正时调节器下降，上部链条被放松，下部链条作用着排气凸轮旋转拉力和调节器向下的推力。由于排气凸轮轴在曲轴顺时针转动的皮带的作用下不可能逆时针旋转，所以进气凸轮轴受到两个力的共同作用：一是在排气凸轮轴正常旋转带动下链条的拉力；二是调节器推动链条传递给排气凸轮的拉力。进气凸轮轴顺时针额外转过θ角，加快了进气门的关闭，即进气门滞后角减少θ度，满足了低速进气门关闭较早可提高最大转矩的要求。

图 60　桑塔纳电控燃油喷射电路

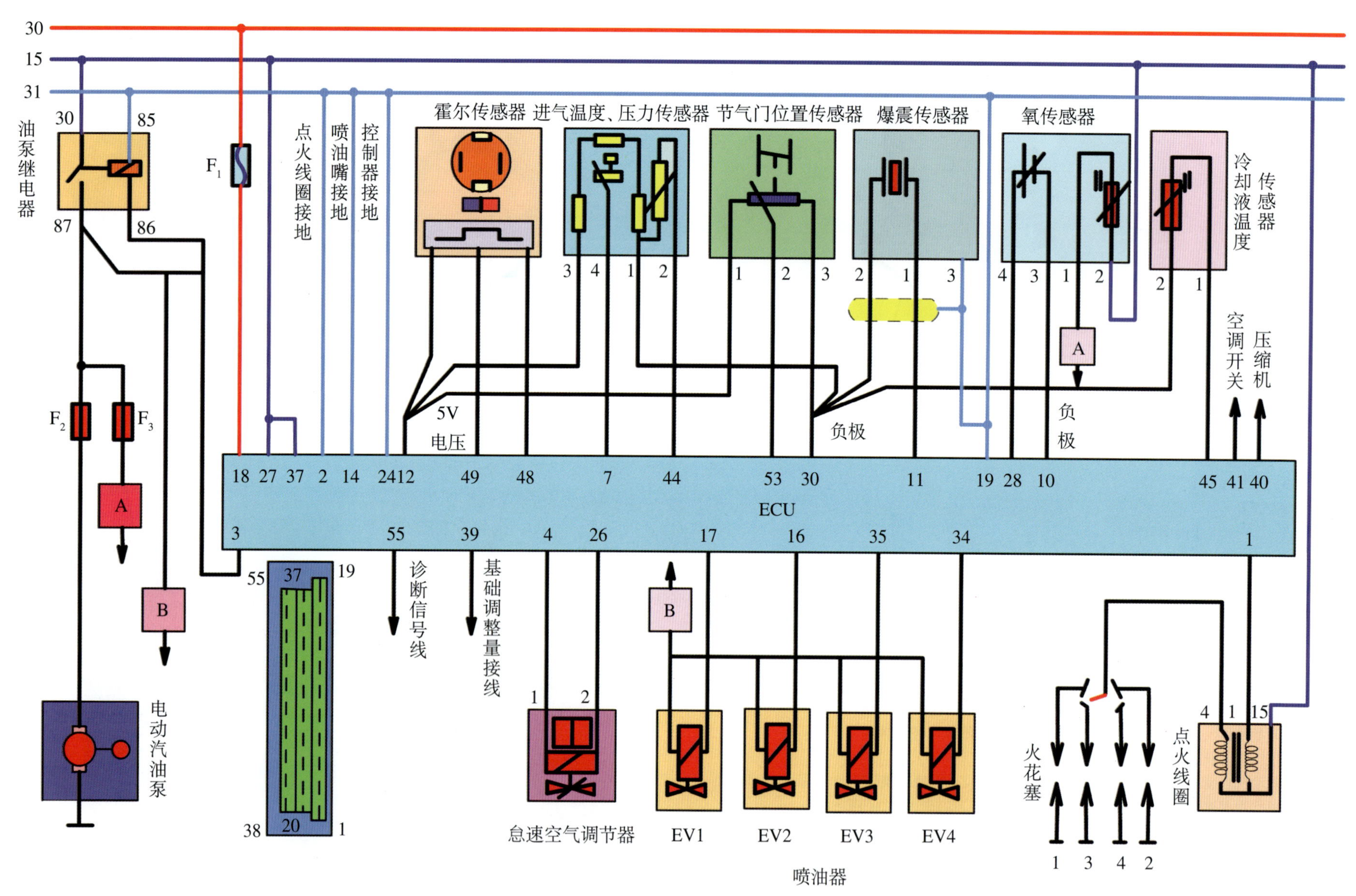

桑塔纳电控燃油喷射电路

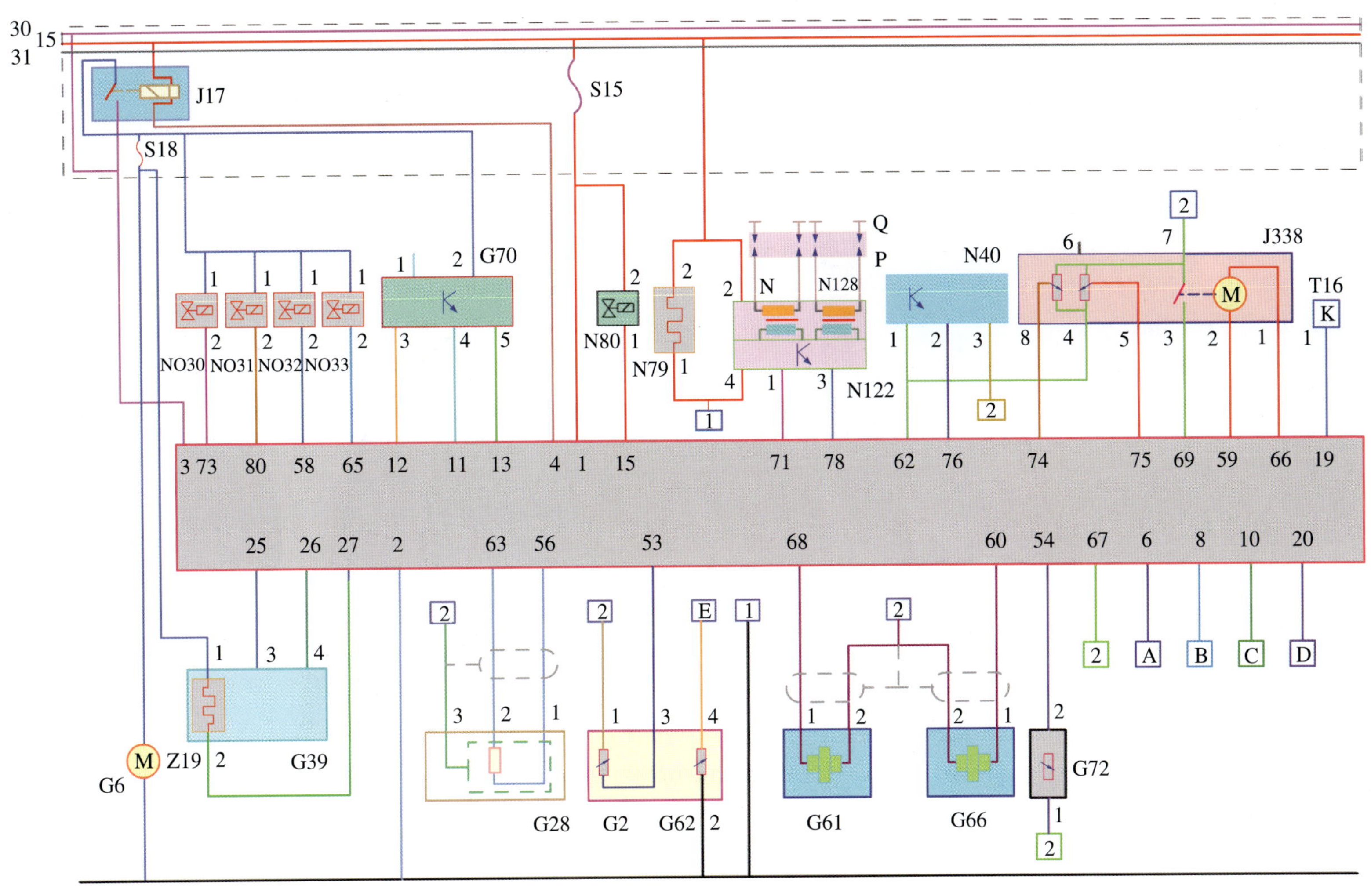

F60— 怠速开关
G2、G62— 冷却液温度传感器
G6— 汽油泵
628— 发动机转速传感器
639— 氧传感器
640— 霍尔传感器

G61、G66— 爆震传感器
G69— 节气门位置传感器
G70— 空气流量传感器
G72— 进气温度传感器
G88— 怠速节气门位置传感器
J17— 油泵继电器

J— 电喷电控 ECU
J338— 节气门体
N122、N128— 点火线圈
N31— 一缸喷油器
N32— 二缸喷油器
N33— 三缸喷油器

N34— 四缸喷油器
N79— 曲轴箱通风加热电阻
N80— 活性炭罐电磁阀
N122— 电子点火器
S15、18— 熔断丝
T16— 自诊断接口

V60— 怠速电机
E— 通中央继电器盒
A— 发动机转速信号
B— 空调压缩机信号
C— 空调装置信号
D— 车速信号

捷达电控燃油喷射电路

图 62　电控汽油喷射系统检修

解码仪的使用

将解码仪的连接端子插到汽车的诊断插座上，打开点火开关，让发动机运转，根据需要读取故障码、数据流或图形等，并可进一步查阅故障原因及故障排除方法等信息。故障排除后，可利用解码仪消除故障码。

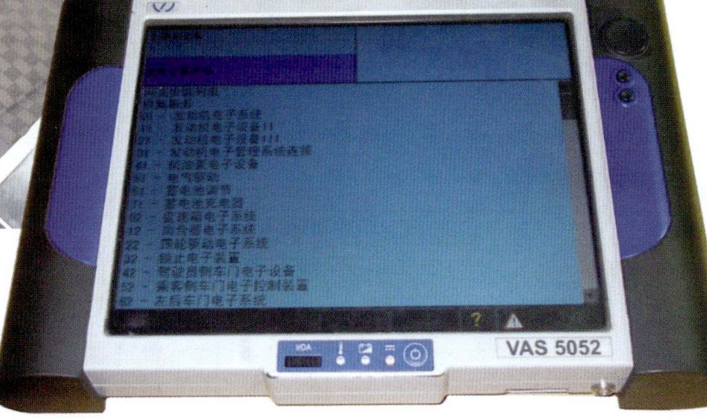

VAS5052 解码仪

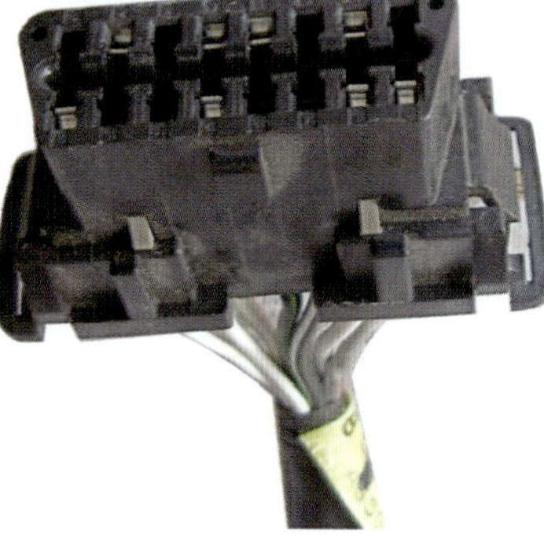

16 针汽车诊断插座

解码仪连接端子

检测电控系统注意事项

1. 松开燃油供给系统的管路接头前，应清洁管接头及周围区域；
2. 当燃油系统有压力时，打开之前应将棉纱放到连接处，然后小心的松开连接以泄压；
3. 在发动机运行或起动时，不要接触或拔下高压线；
4. 喷油、点火以及检测仪器的导线，仅在关闭点火开关后才可拔下或插上；
5. 当发动机需要以起动转速运转，但是不着车时，如果检查汽缸压力，要断开发动机转速传感器插头连接，做完这项工作后要查询故障记忆系统；
6. 在有些检查中，会出现被电控单元识别为故障并存储起来的情况，因此，在所有检测和维修结束后会出现故障记忆，必要时予以消除。

图 63 冷却系组成

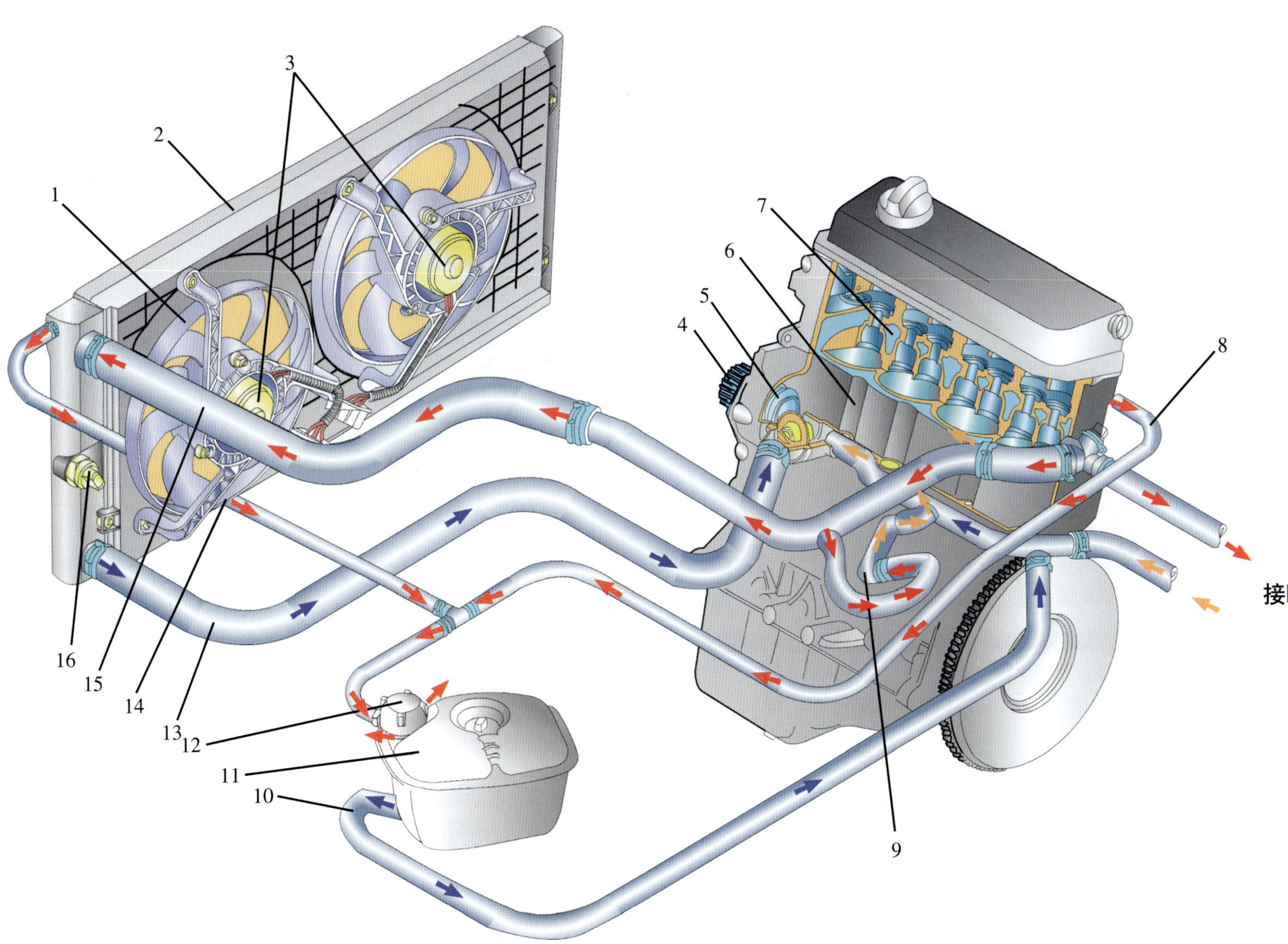

1－扩罩
2－散热器
3－电动风扇
4－齿形带带轮
5－水泵
6－汽缸体水套
7－汽缸盖水套
8－发动机水套排气管
9－节气门热水管
10－膨胀水箱管
11－膨胀水箱
12－膨胀水箱盖
13－冷却液下橡胶软管
14－散热器排气管
15－冷却液上橡胶软管
16－电动风扇双速热敏开关

冷却系组成

图 64 冷却水路示意图

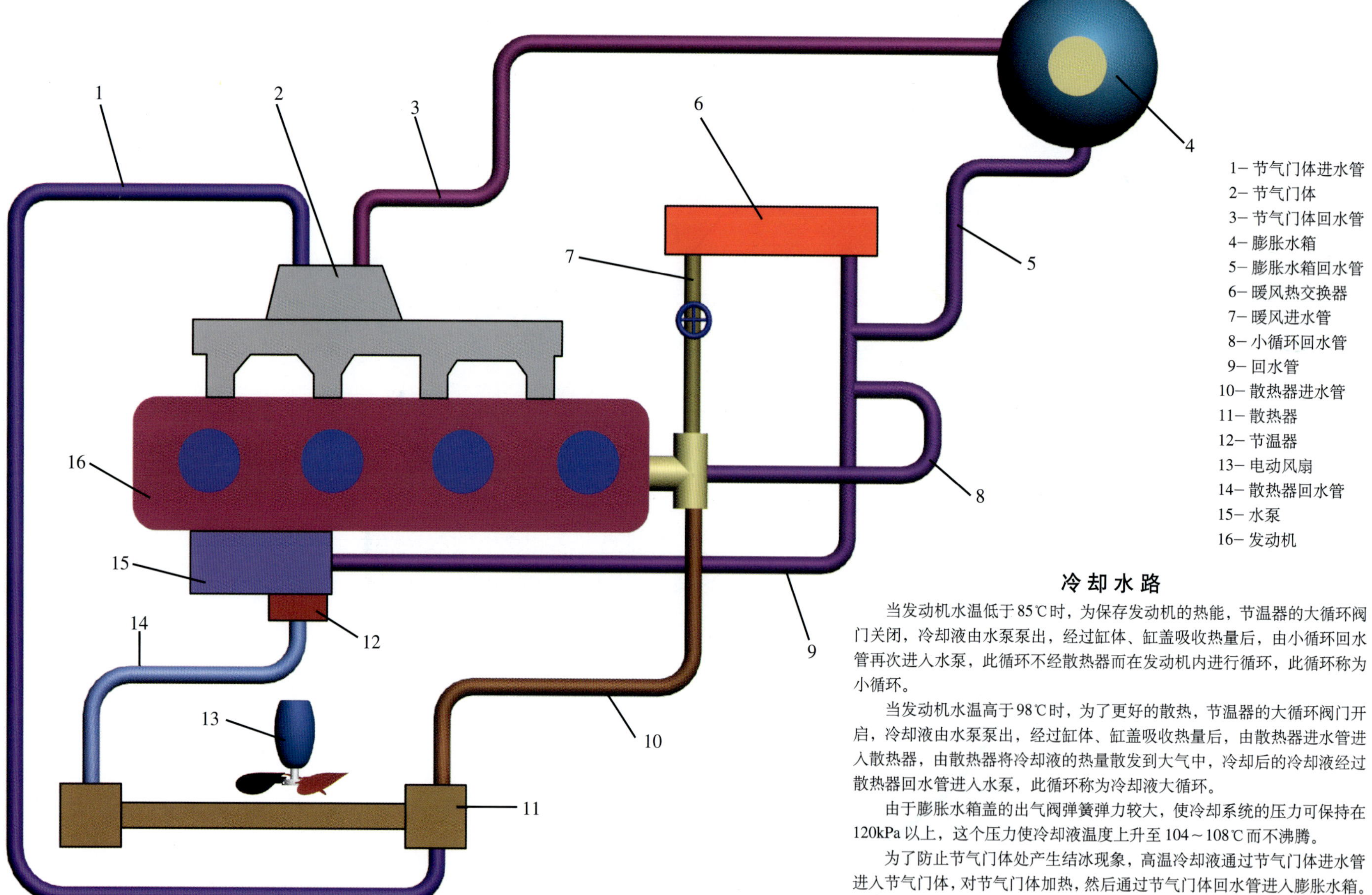

冷却水路示意图(捷达 EA113 发动机)

冷却水路

当发动机水温低于 85℃时，为保存发动机的热能，节温器的大循环阀门关闭，冷却液由水泵泵出，经过缸体、缸盖吸收热量后，由小循环回水管再次进入水泵，此循环不经散热器而在发动机内进行循环，此循环称为小循环。

当发动机水温高于 98℃时，为了更好的散热，节温器的大循环阀门开启，冷却液由水泵泵出，经过缸体、缸盖吸收热量后，由散热器进水管进入散热器，由散热器将冷却液的热量散发到大气中，冷却后的冷却液经过散热器回水管进入水泵，此循环称为冷却液大循环。

由于膨胀水箱盖的出气阀弹簧弹力较大，使冷却系统的压力可保持在 120kPa 以上，这个压力使冷却液温度上升至 104～108℃而不沸腾。

为了防止节气门体处产生结冰现象，高温冷却液通过节气门体进水管进入节气门体，对节气门体加热，然后通过节气门体回水管进入膨胀水箱。

冷却风扇在发动机 92～97℃时一挡低速转动，在发动机 99～102℃时二挡高速转动。

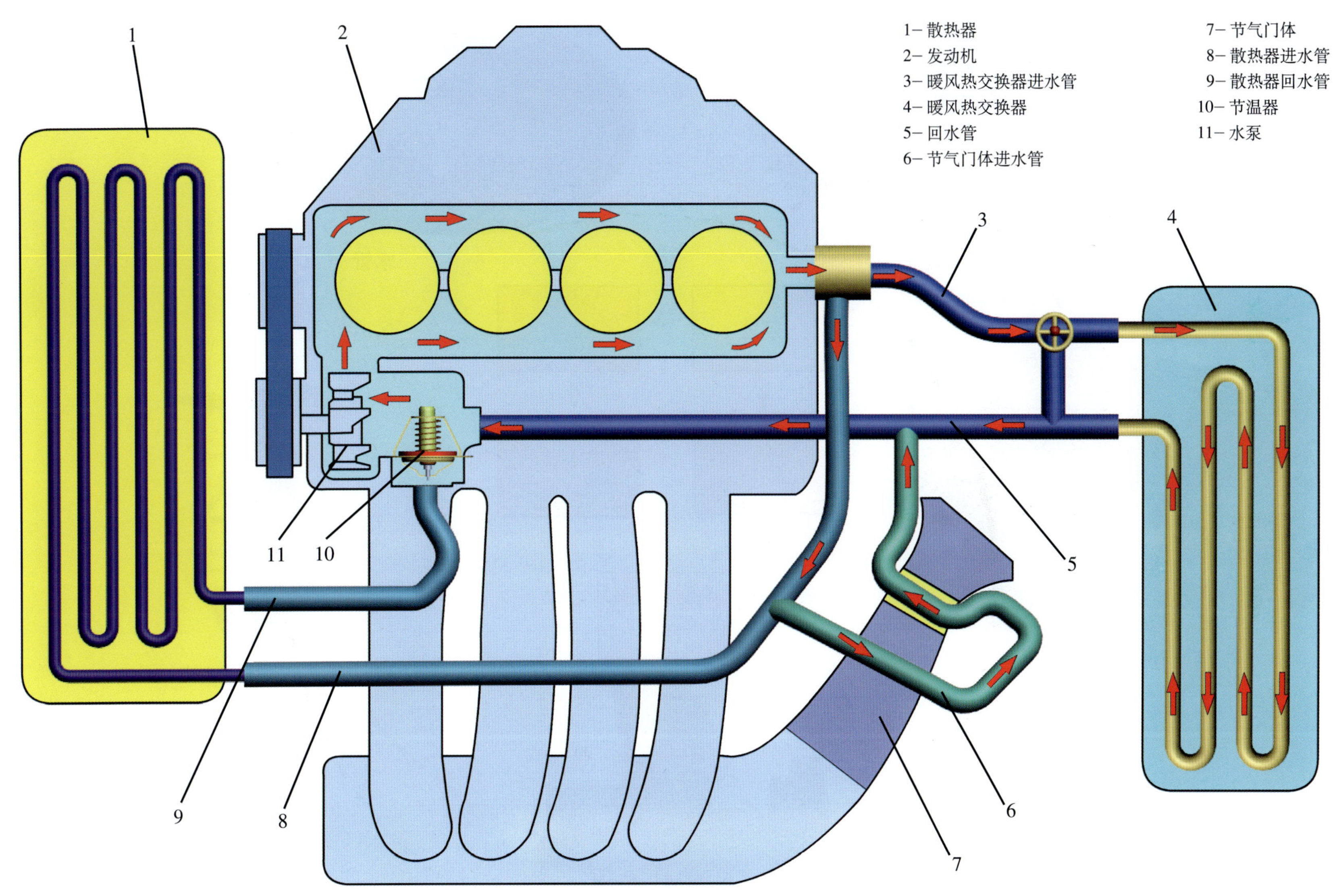

冷却系小循环水路（桑塔纳）

水泵泵出的冷却液进入缸体、缸盖，冷却液吸收缸体、缸盖的热量，然后通过暖风热交换器进水管进入暖风热交换器，暖风热交换器为空调提供热源，经过暖风热交换器的冷却液通过回水管再进入水泵。如暖风开关关闭，则冷却液直接通过回水管进入水泵。

图 66 冷却系小循环各零部件

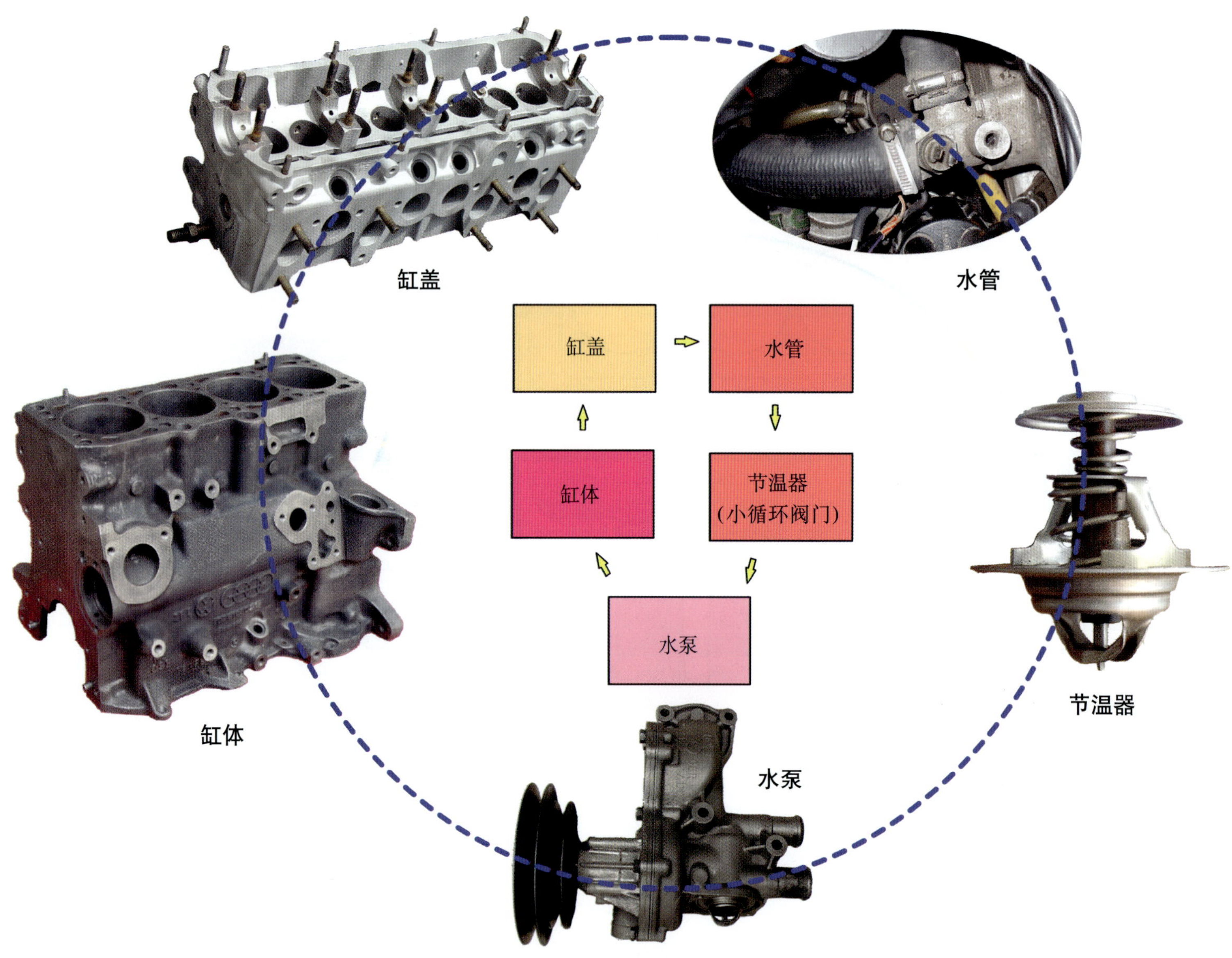

冷却系小循环各零部件

图 67 冷却系大循环水路

1– 散热器
2– 发动机
3– 暖风热交换器进水管
4– 暖风热交换器
5– 回水管
6– 节气门体进水管
7– 节气门体
8– 散热器进水管
9– 散热器回水管
10– 节温器
11– 水泵

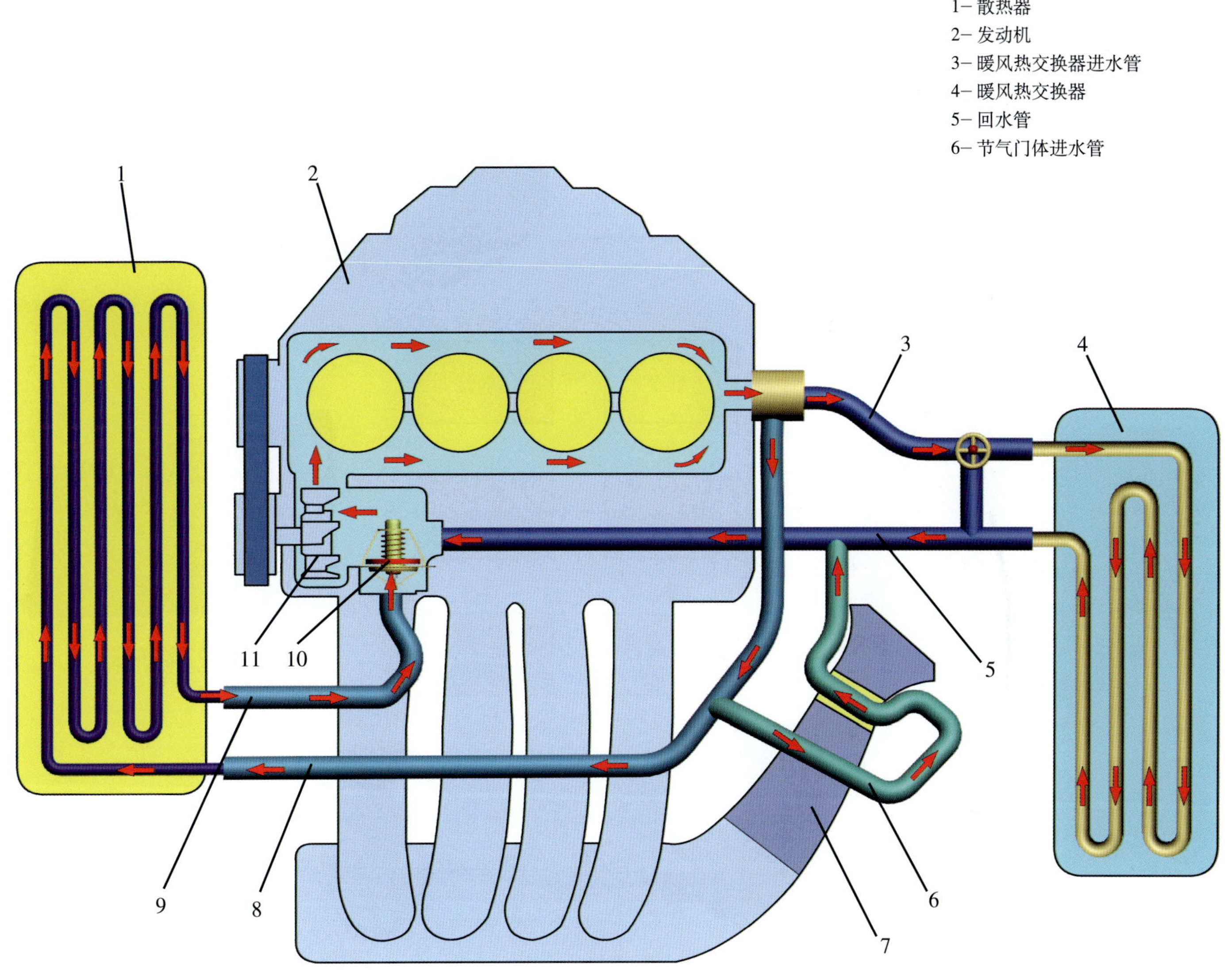

冷却系大循环水路（桑塔纳）

水泵泵出的冷却液进入缸体、缸盖，冷却液吸收缸体缸盖的热量，然后通过散热器进水管进入散热器，散热器将冷却液的热量散发到大气中，冷却后的冷却液通过散热器回水管、节温器进入水泵。

图 68 冷却系大循环各零部件

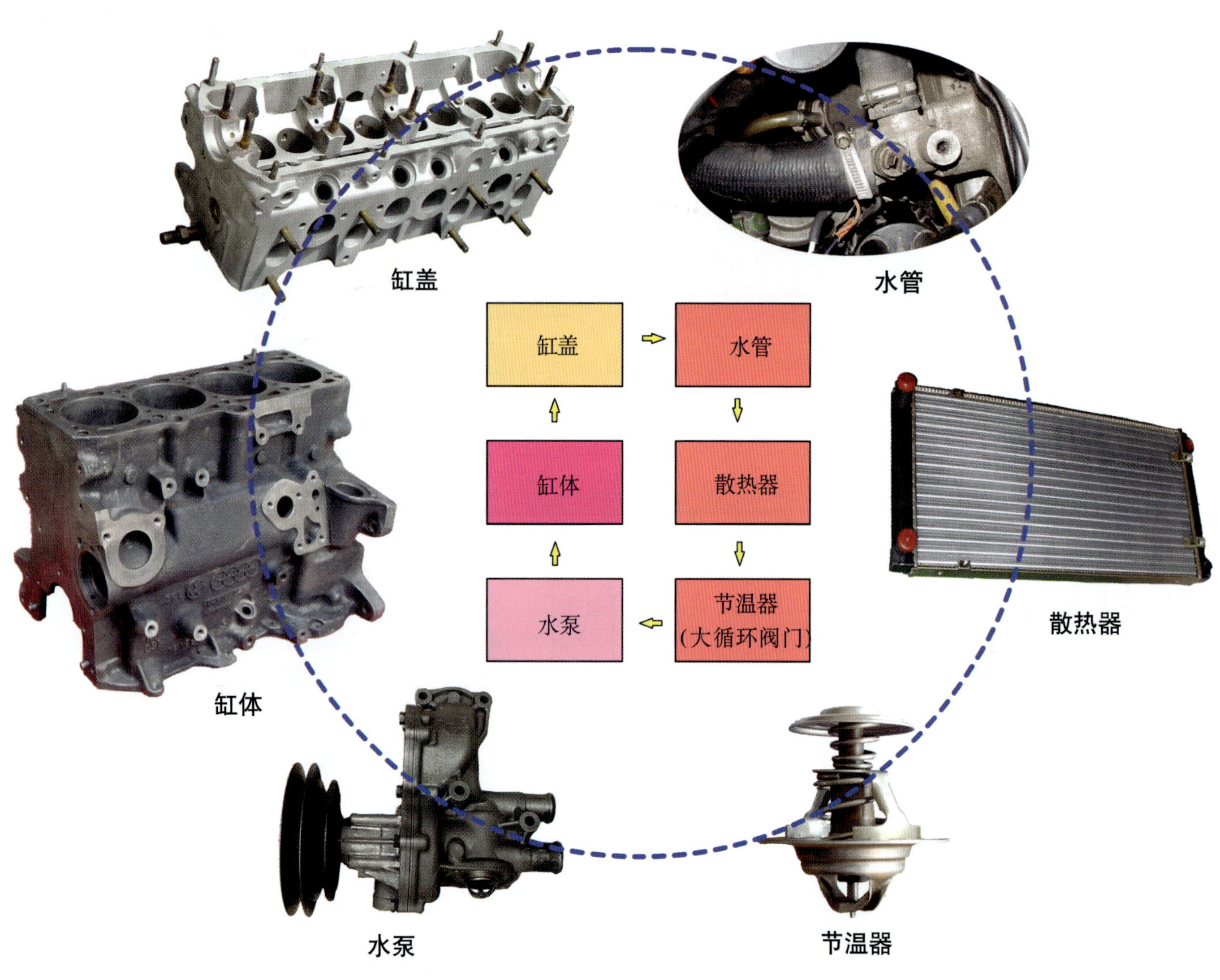

冷却系大循环各零部件

节温器实物图

1－小循环阀门
2－定位弹簧
3－支架
4－石蜡
5－感温体
6－胶管
7－大循环阀门回位弹簧
8－推杆
9－大循环阀门
10－密封圈
11－端盖

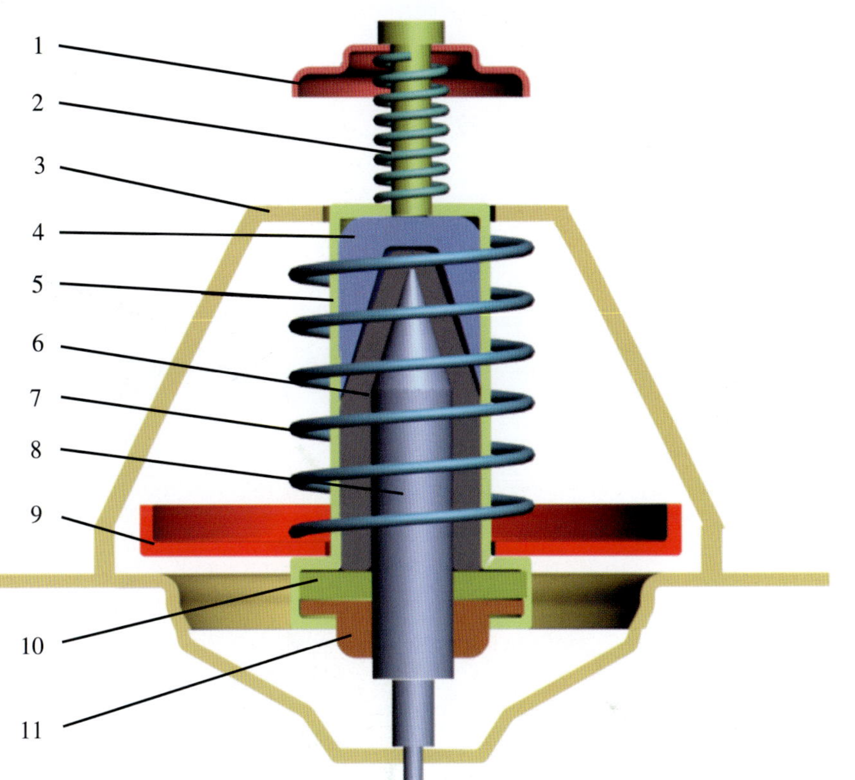

节温器剖面图

节温器的检查

节温器的检查

将节温器置于冷却液加热槽内并加温，当冷却液温度上升至105℃时，节温器大循环阀门应全开，阀门开启行程应不小于7mm。

节温器的结构

大众轿车发动机采用蜡式节温器。节温器推杆的下端同定于支架的中心处，上端插入胶管的中心孔中。胶管与节温器外壳之间形成的腔体内装有精制石蜡。冷态时，大循环阀门在弹簧弹力的作用下向下抵靠在支架上，关闭了大循环水路。弹簧弹力也同时使感温体下移，带动小循环阀门下移，打开小循环水路。

图 70 节温器工作原理

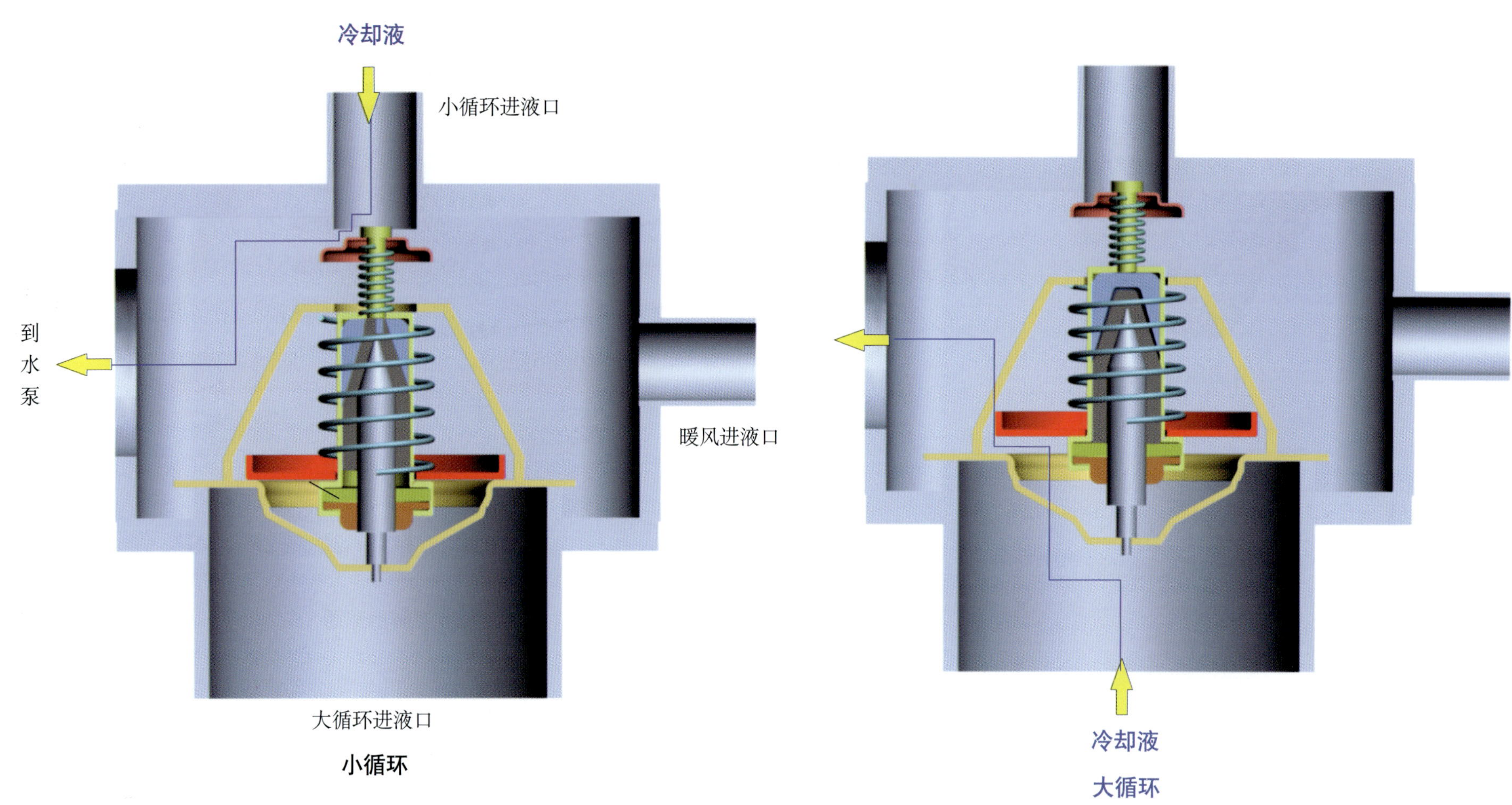

节温器的工作原理

当发动机冷却液温度低于85℃时，石蜡呈固态，弹簧将大循环阀门推向下方，使之抵靠在阀座上，大循环阀门关闭大循环水道，同时小循环阀门下移，打开了小循环水道，冷却液进行小循环。

当发动机冷却液温度大于85℃时，石蜡逐渐变成液态，体积膨胀，挤压力使壳体上移，壳体带动大循环阀门上移，打开大循环水路，冷却系进行大循环，同时带动小循环阀门上移，关闭小循环水路。

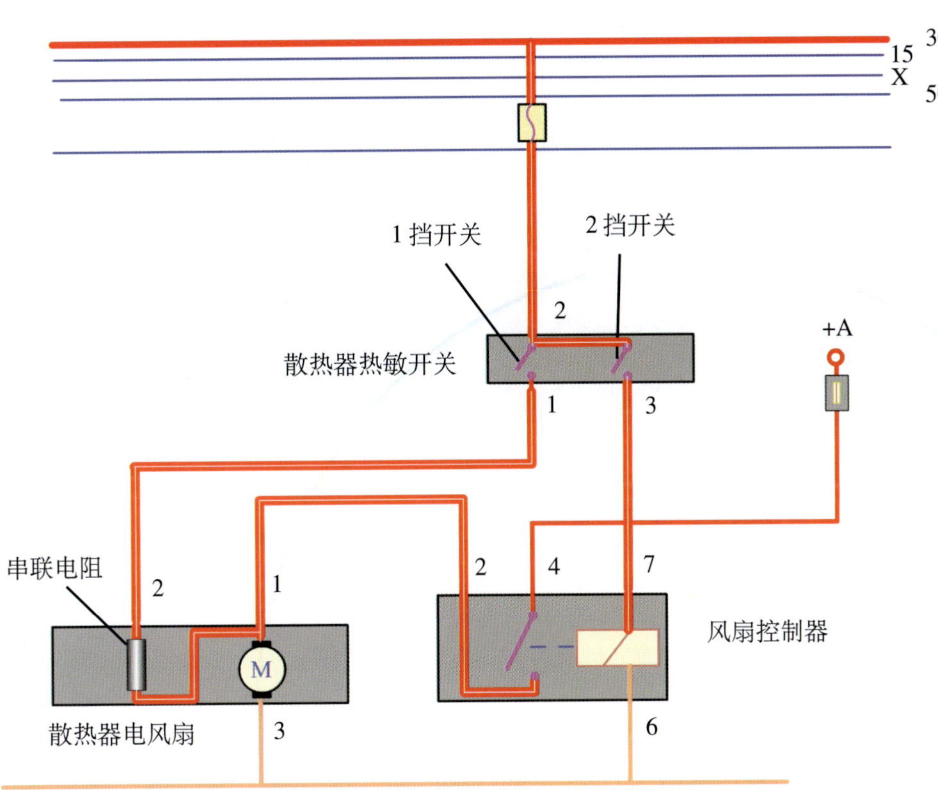

冷却风扇控制电路

冷却风扇控制原理

当发动机的冷却液温度低于84～91℃时，双速温控开关切断蓄电池通向电动机的电路，冷却风扇不工作。当温度达到92～97℃时，双速温控开关的一挡开关闭合。电源通过双速温控开关的一挡串入电阻后进入电动机，风扇以1600r/min的转速旋转。当温度达到99～105℃时，双速温控开关的二挡开关闭合。从蓄电池来的电流经过双速温控开关的二挡进入电机，电阻被短路，风扇以2400 r/min 的转速旋转。

冷却风扇的组成

冷却风扇由两大部分组成，即用合成树脂材料制成的叶片(4 枚叶片)和双速直流电动机(功率 150W)组成，它能根据双速开关传来的信号以不同的转速运转。

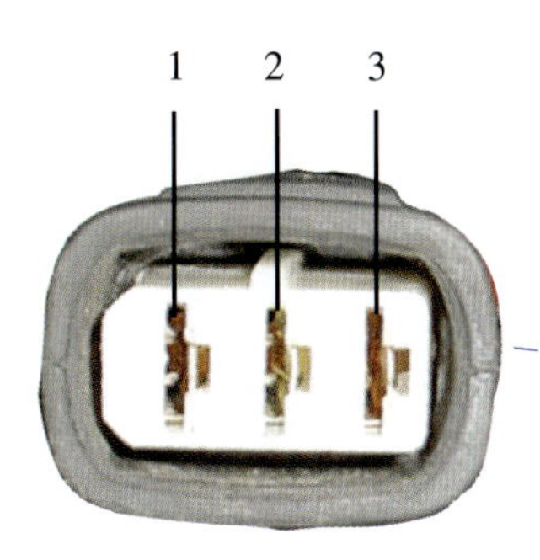

连接端子

冷却风扇

图 72 散热器

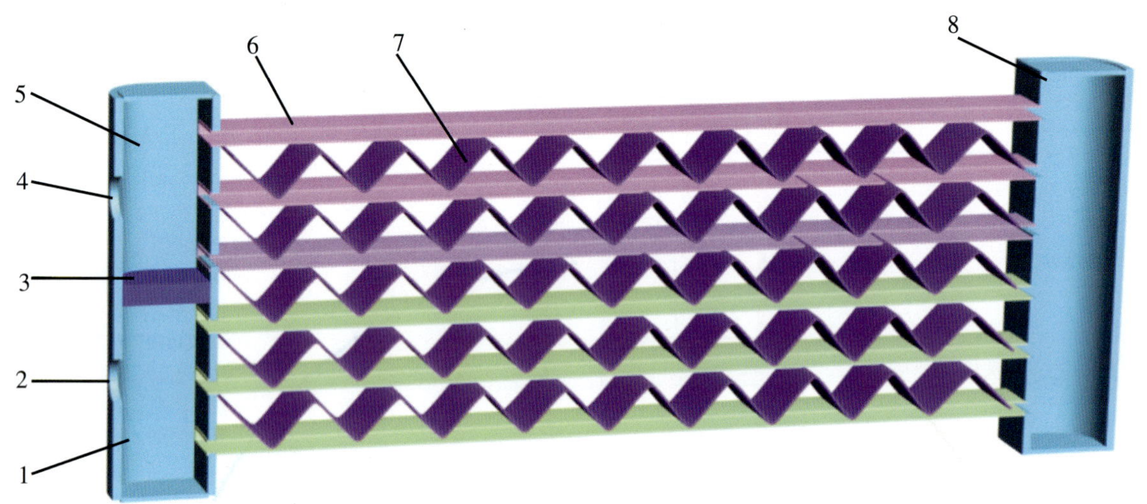

1- 左下水室
2- 出水口
3- 隔板
4- 进水口
5- 左上水室
6- 扁管
7- 散热带
8- 右水室

散热器工作原理示意图

散热器主要由左水室、右水室和散热器芯等组成。左水室分为上、下两腔，中间有隔板分开，上腔通过水管与汽缸盖上的出水口连接，下腔通过水管与水泵相连。散热器芯采用管带式结构。扁管连通左、右水室，波纹状的散热带与冷却扁管相间排列，当冷却风从在散热器通过时，通过波纹状的散热带将热量散发到大气中去。右水室为一连通管，在上面有一膨胀水箱连接管。

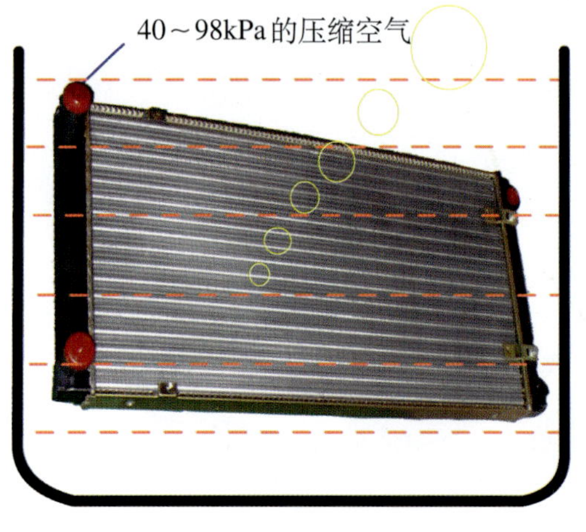

水压试验

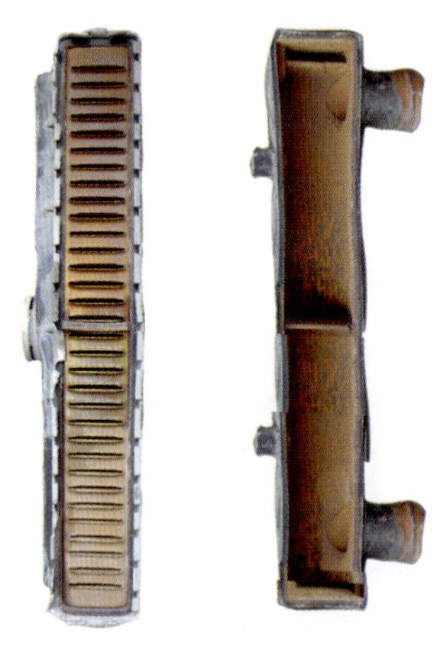

散热器水室

散热器的检修

1. 散热器内部若水垢严重时，应拆下左、右水室，清除水管内的水垢；外部有脏物时，可用自来水清洗干净。

2. 检查散热器的密封性能。将散热器的进出口堵死，将40～98kPa的压缩空气充入散热器中，并把散热器浸在水中，检查是否有气泡冒出，若有气泡冒出，表明散热器有渗漏，应修补散热器。散热器渗漏时，可采用堵漏法（主要采用堵漏剂）或焊修法修理。

图73 水 泵

水泵的工作原理

当曲轴上的皮带轮通过V形皮带带动水泵叶轮旋转时，水泵中的冷却液被叶轮带动一起旋转。并在自身离心力的作用下，向叶轮边缘甩出，然后经泵体上与叶轮成切线方向的出水管送到发动机水套内。与此同时，叶轮中心处压力降低，散热器内的冷却液经水管吸入叶轮中心。

水泵叶轮

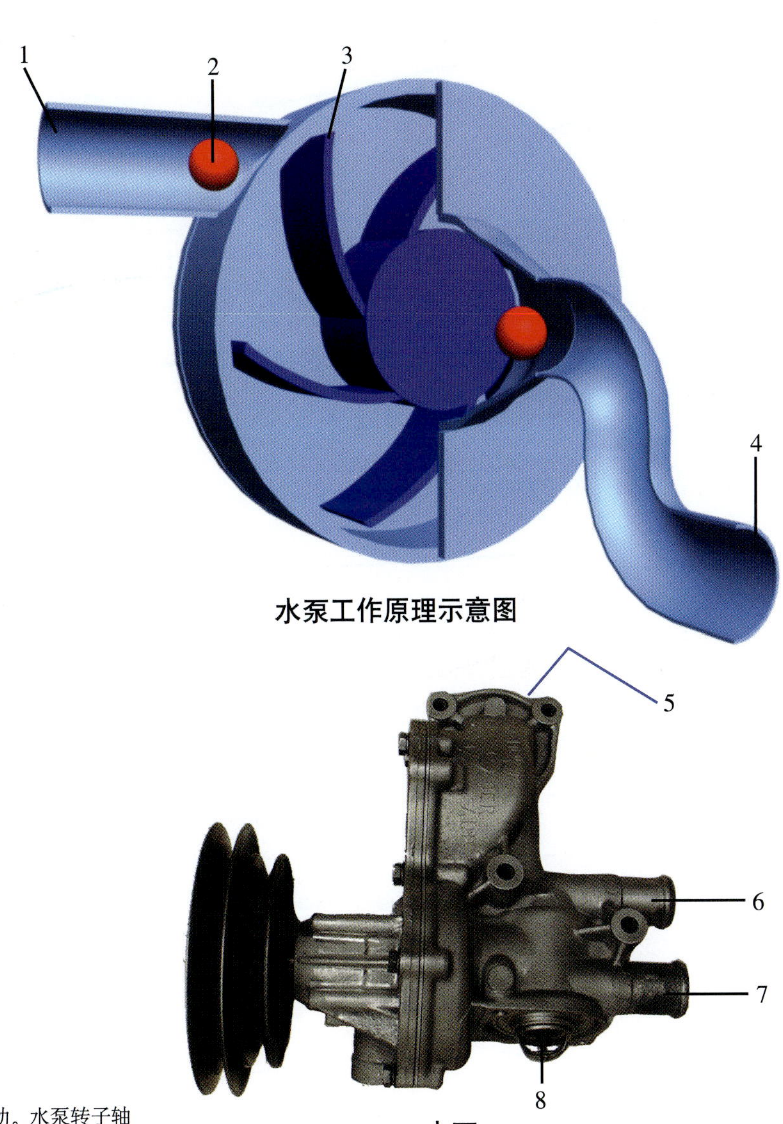

水泵工作原理示意图

水泵

1- 出液口
2- 冷却液
3- 叶轮
4- 进液口
5- 出液口
6- 小循环进液口
7- 暖风进液口
8- 大循环进液口

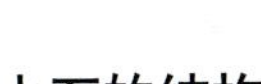

水泵的结构

水泵的功用是对冷却液加压，以加速冷却液的循环流动。水泵转子轴由两个轴承支撑在壳体上，转了轴的一端装有6枚塑料叶片，另一端装有皮带轮，由曲轴驱动其旋转。壳体与泵盖之间用橡胶密封圈进行密封。

图 74 发动机润滑油路

1– 油底壳
2– 机油泵链轮
3– 机油泵
4– 溢流阀
5– 链条
6– 曲轴链轮
7– 连杆油道
8– 连杆
9– 活塞销
10– 排气门
11– 进气门
12– 缸盖主油道
13– 凸轮轴
14– 加机油盖
15– 凸轮轴支承轴颈
16– 液力挺柱
17– 活塞
18– 曲轴
19– 汽缸体主油道
20– 单向阀
21– 油压开关
22– 机油滤清器
23– 旁通阀
24– 油压开关
25– 限压阀

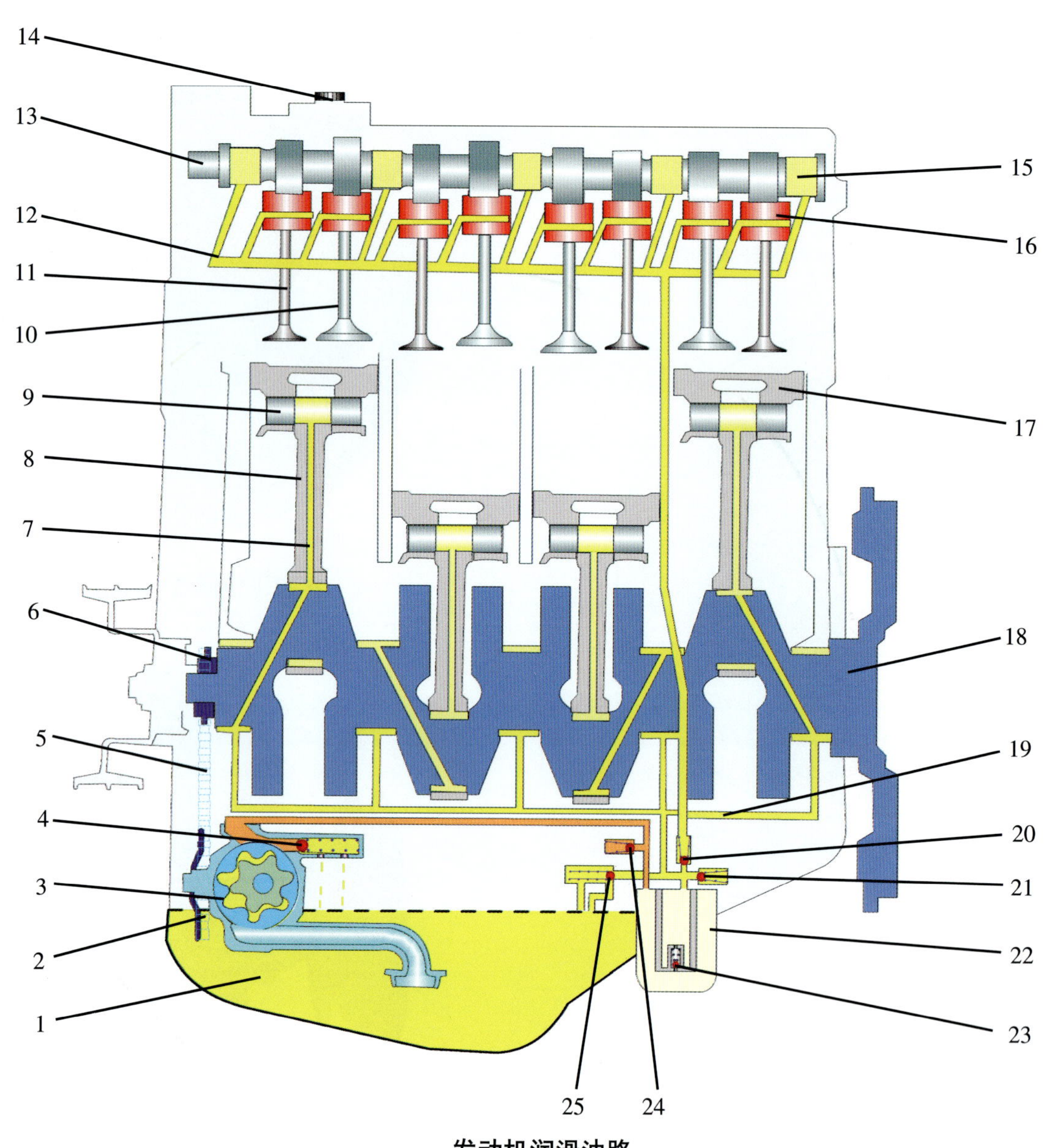

发动机润滑油路

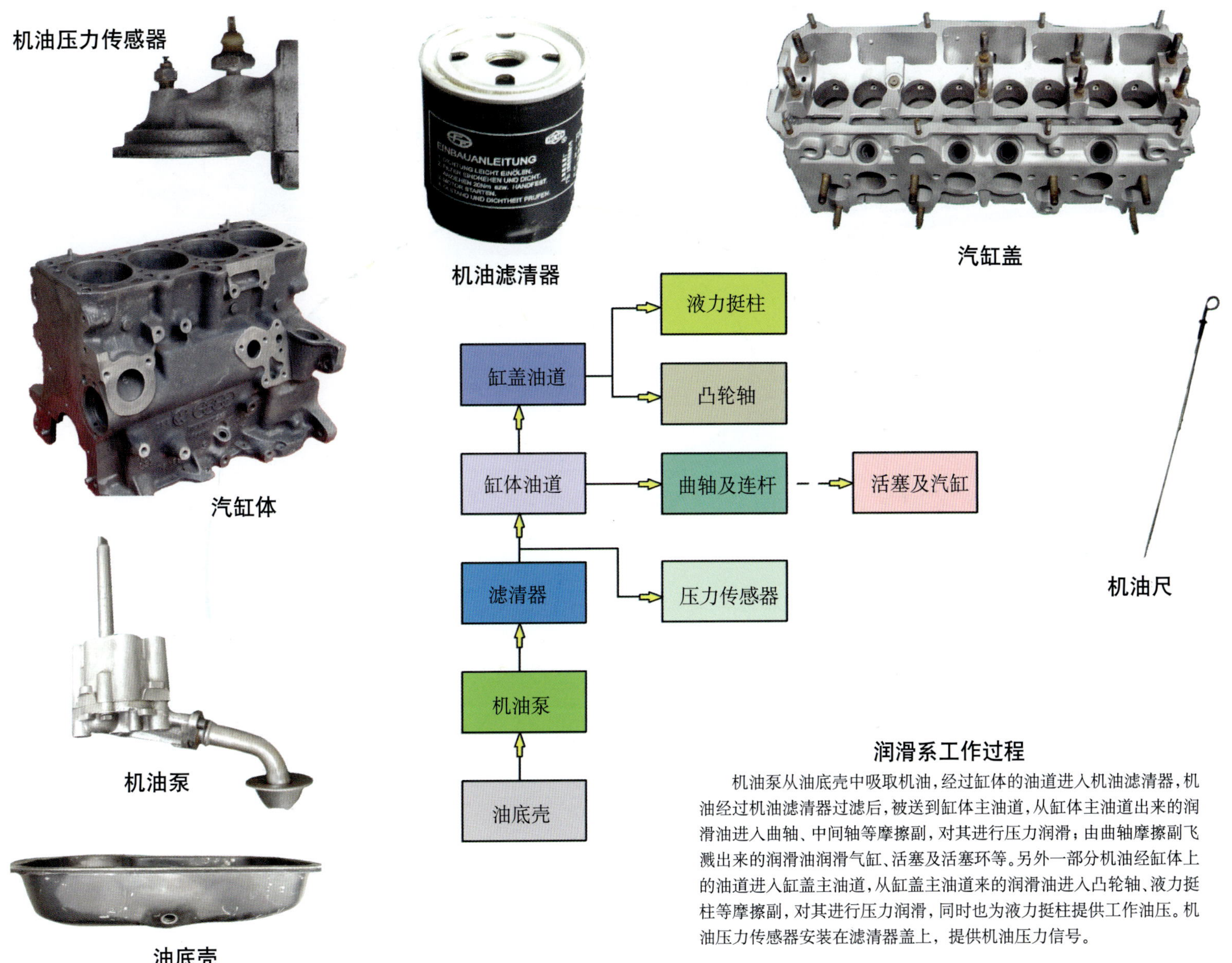

润滑系工作过程

机油泵从油底壳中吸取机油，经过缸体的油道进入机油滤清器，机油经过机油滤清器过滤后，被送到缸体主油道，从缸体主油道出来的润滑油进入曲轴、中间轴等摩擦副，对其进行压力润滑；由曲轴摩擦副飞溅出来的润滑油润滑气缸、活塞及活塞环等。另外一部分机油经缸体上的油道进入缸盖主油道，从缸盖主油道来的润滑油进入凸轮轴、液力挺柱等摩擦副，对其进行压力润滑，同时也为液力挺柱提供工作油压。机油压力传感器安装在滤清器盖上，提供机油压力信号。

图 76 机油泵

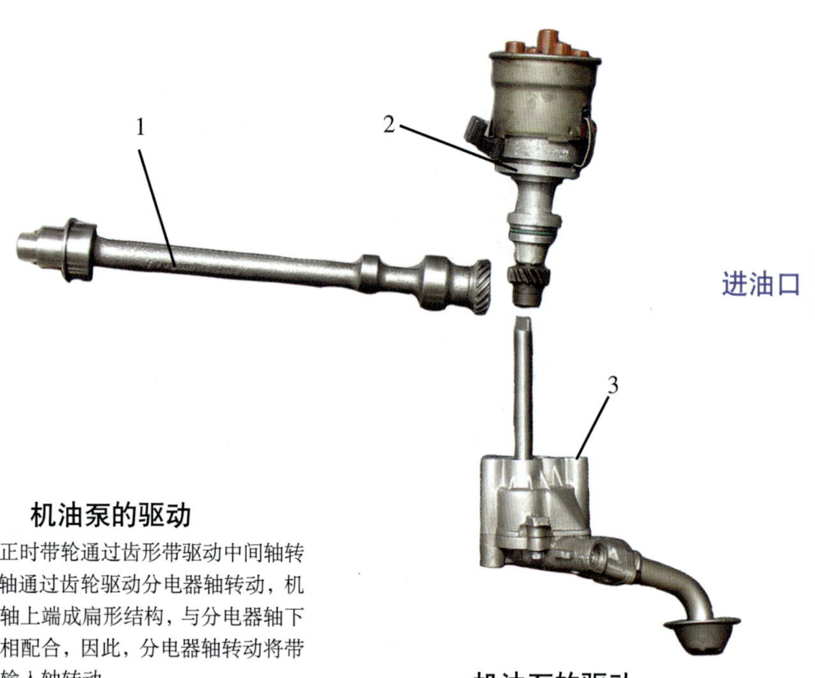

机油泵的驱动

机油泵的驱动

曲轴正时带轮通过齿形带驱动中间轴转动，中间轴通过齿轮驱动分电器轴转动，机油泵主动轴上端成扁形结构，与分电器轴下端的扁槽相配合，因此，分电器轴转动将带动机油泵输入轴转动。

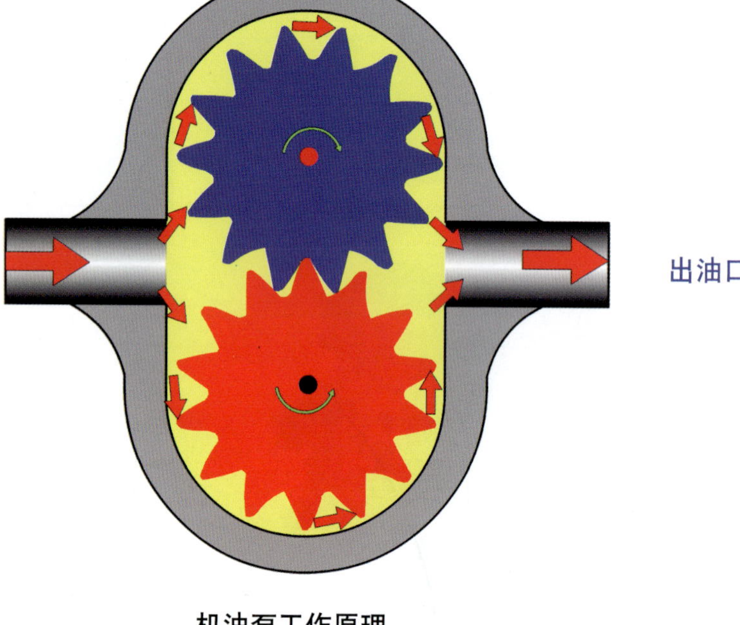

机油泵工作原理

1- 中间轴
2- 分电器
3- 机油泵
4- 直尺
5- 端隙（磨损极限值 0.15mm）
6- 侧隙（磨损极限值 0.20mm）

机油泵检修

1）齿轮齿侧间隙的检查

拆下机油泵盖后，用厚薄规测量机油泵主、从动齿轮的啮合间隙即侧隙，该间隙磨损极限值为 0.20mm。

2）齿轮端隙的检查

将直尺横在壳体端面上，用厚薄规测量齿轮端面与直尺的间隙即端隙，该间隙磨损极限值为 0.15mm。

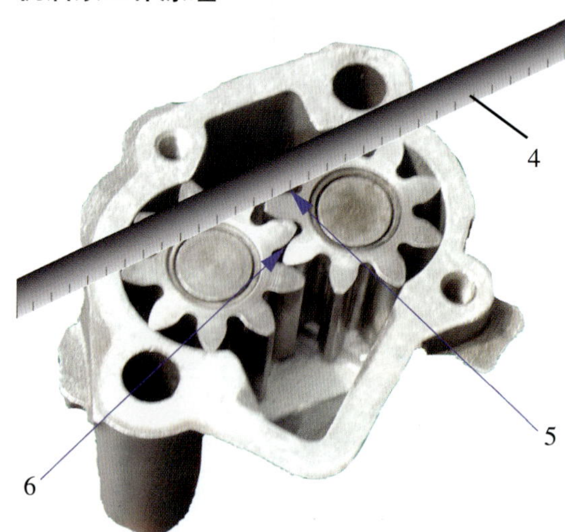

机油泵检修

图 77 机油滤清器与支架总成

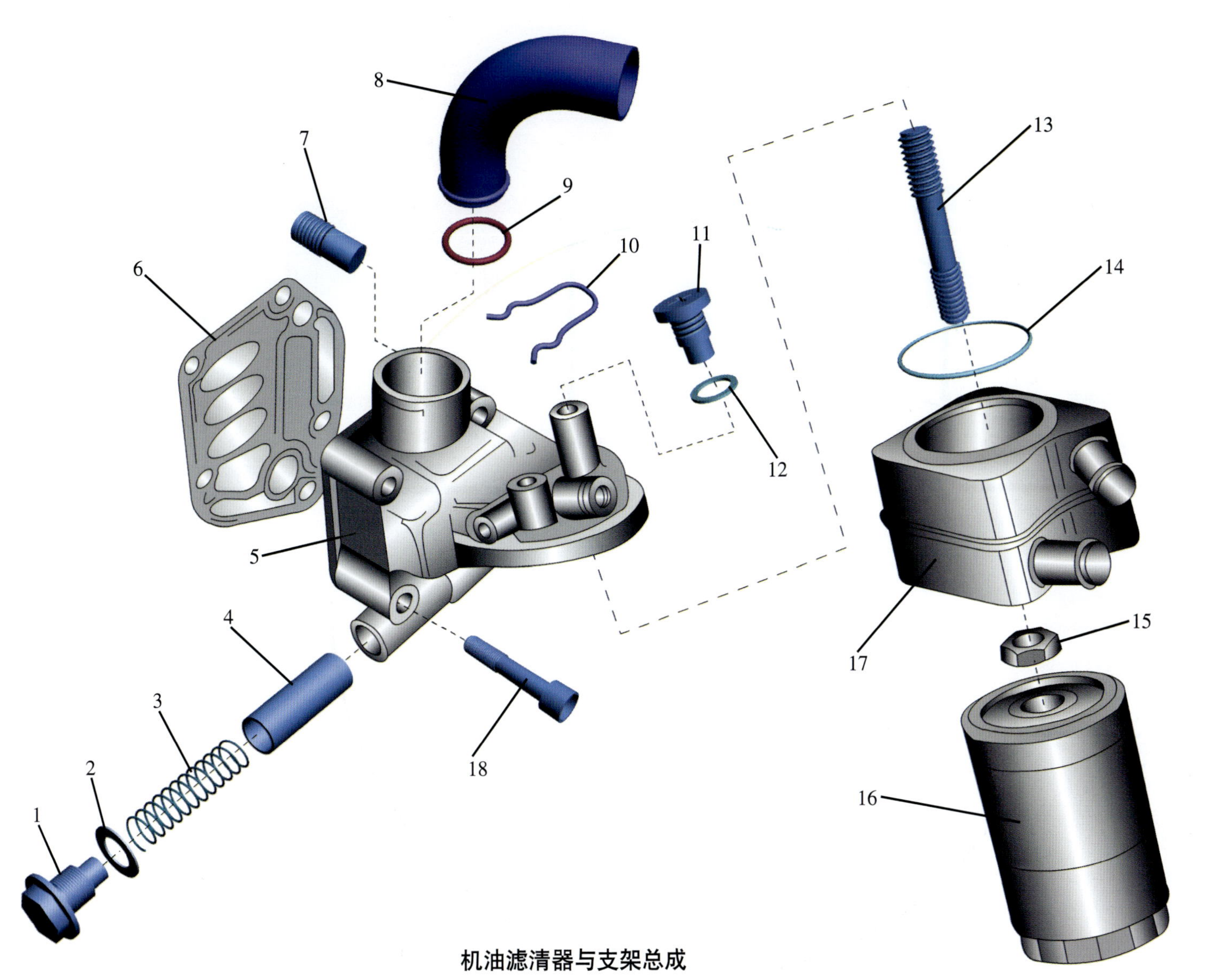

机油滤清器与支架总成

1- 螺塞
2- 垫片
3- 限压弹簧
4- 限压阀
5- 支架
6- 机油密封垫
7- 止回阀
8- 连接管
9-O 型密封圈
10- 卡簧
11- 螺塞
12- 垫片
13- 双头螺栓
14-O 型密封圈
15- 螺母
16- 机油滤清器
17- 机油散热器
18- 螺栓

图 78 机油滤清器

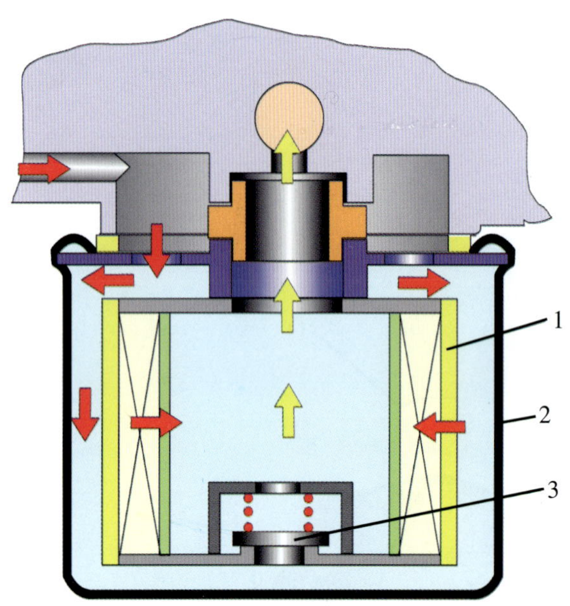

a)正常滤清时

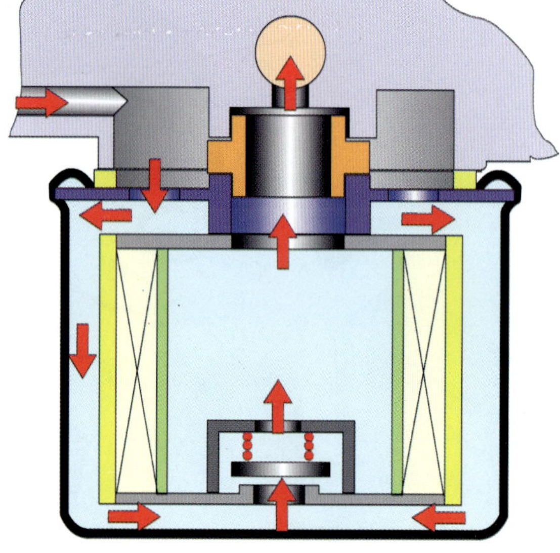

b)当滤清器堵塞时

1－滤芯
2－壳体
3－旁通阀
4－出油口
5－进油口
6－滤芯
7－壳体

机油滤清器工作原理

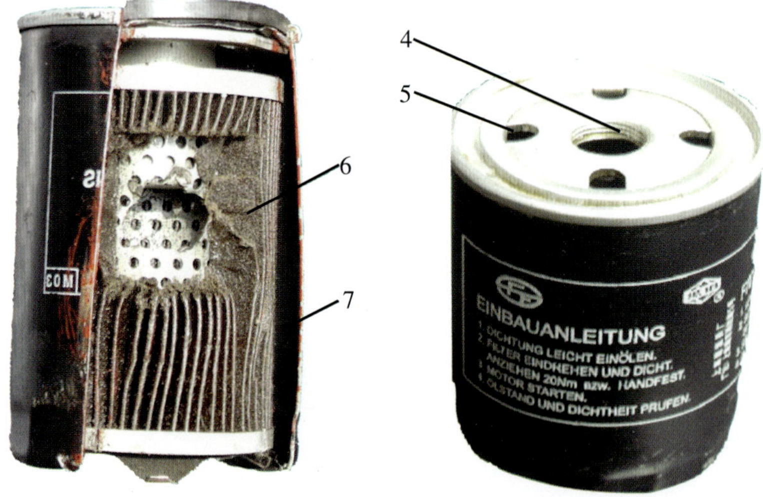

机油滤清器

机油滤清器的作用是将循环流动的机油在送往运动零件表面之前，滤去机油中的金属屑和尘埃以及燃料燃烧不完全所产生的炭粒。

机油滤清器的壳体用薄钢板冲压而成，内装带有金属骨架的纸制式滤芯，滤芯的下部装有旁通阀，一旦滤芯堵塞，机油便从旁通阀直接进入主油道。

机油滤清器是一次性使用件，捷达轿车规定，每行驶 7500km 更换机油滤清器。